U0076589

老公使用說明書

夫のトリセツ husband's instruction manual

黑川伊保子——著
陳亦苓——譯

序言

所謂的老公就是長了「這種腦袋」的人

引頸企盼此書的，主要是《老婆使用說明書》的男性讀者們。他們打從心底認真反省了自己對老婆的不夠理解，因此，希望老婆們也能夠反求諸己一下。

雖然老婆們會不會反省我不知道，但我打算徹底寫出所有令人恍然大悟的男性腦生態。不論是老公還是老婆，只要讀過，必能有所釋懷。

對於老公，若在三天內曾有過「缺乏同理心」、「難以溝通」、「不瞭解我」、「就是很令人火大」、「在一起毫無意義」、「一想到小孩離巢後只剩夫妻倆就覺得可怕」等其中任一種感受的話，妳最好立刻閱讀本書。因爲那樣的不滿，有可能是冤枉了對方。

妳有沒有想過他的冷言冷語、粗枝大葉的態度，並不是沒有愛，也不是他本身性格的問題，而是男子氣概的副產品？

男人會因爲太想保護所愛的人免於危險，而脫口說出對方的缺點。

女人只是希望對方溫柔地聆聽自己一整天的各種不幸遭遇，想要得到一些安慰，但沒想到換來的卻是對方「妳喔，就是這點不好。」、「不爽就別做了嘛！」等批評、指責。

其實，這正是男性腦的愛與誠意的表現。

因此，若能理解「這種腦袋」，或許就會意外發現自己的老公其實既誠懇又溫柔。只要能掌握「這種腦袋」的使用方法，或許就能讓老公變得方便好用、細心體貼。

雖然老公之中也可能存在眞的很懶、很邪惡的傢伙，但在大多數情況下，這都很值得老婆們一試。畢竟就算換個老公，很可能結果也一樣。若終究必須接受「男人就是這樣」的事實，那麼不如直接試試現在身邊的男人就好。

正如本書內文所將詳述的，女性腦的生殖策略意外地相當殘酷。

爲了生殖（生存與繁殖），動物的腦會有所運作。基於繁殖之目的，女性腦會盡可能爭取免疫力高的對象（實際上外表的吸引力與免疫力的高低成正比），還要盡可能留下最多種的基因組合。因此，就動物本能而言，完全沒意願要把一生奉獻給單一異性。

哺乳類的雌性由於在懷孕、哺乳及育兒期必須獲得保護，故會在一定期間鎖定單一雄性個體。然而，一旦育兒工作告一段落，大腦就會開始低聲呢喃：「快去找個免疫力更好的男人吧！眼前的這男人不行啦！」

一旦如此，眼前的男人就會變得很令人火大，就連愛上他時覺得是優點的部分，全都變成了缺點。

而身爲人，所謂的忠實，就是要克服女性腦的這一陷阱。

妳是否也被困在此種陷阱之中呢？

越是繁殖力高的女性，本能越強烈。這種女人總是特別漂亮、特別有魅力，當然異性緣也特別好。就大腦的功能而言，會試圖製造更多樣化的基因組合。因此，大腦便會順應本能地設下陷阱，不斷地尋找更好的對象。

那麼，我又是如何能夠跨越許許多多的大腦陷阱，將婚姻一直維持至今？關鍵就在於家庭這個單位。一個兒子逐漸長大成人的家，一個媳婦能夠無所顧忌地任性撒嬌的家，我認爲這是最珍貴而無可取代的。

即使是沒血緣關係的父子也可能成爲好友，離婚的夫妻也可能一起疼愛孫子、孫女，不論是爲愛而活、捍衛家人（有時需將一些秘密藏在心底），還是開朗地建立混合家庭都好，女人的人生要由女人自己決定。

而當妳決定「和一個男人一起生活一輩子」的時候，這表示大腦必須一直違反本能，妳必須對來自大腦的持續低語：「去找基因更好的男人吧！最近的這個生殖伴侶不行啦！」充耳不聞。

當然，人不是只靠本能談戀愛。對於忠實的老公，你可以一直愛戀下去的。但不必要的爆怒情況，是難以避免的，因爲這都是發生於無法控制的所謂本能之處。

因此，我要將本書獻給，決定「即使怎麼火大，也要和這個人一起生活」的人。

對老公的憤怒，大半都屬於冤屈。

一是由於困在前述試圖尋找「更好對象」的女性腦陷阱之中，另一則是由於不懂男性腦本質所造成的誤解。前者是本能無法避免，但後者可藉由理解來達成某種程度的改善。越是瞭解男性腦，就越會覺得他們是如此地笨拙、單純，實在好可愛。

在這人生百年的時代，夫妻生活搞不好會長達70年之久。人類似乎必須更認眞地研究，讓夫妻和睦相處的技術及哲學。

要是有所謂的「夫妻學」就好了，但實在等不及該學術領域的成立，故在此先將人工智慧研究者所撰寫的《老公使用說明書》呈獻給各位。

另外補充一下，「使用說明書」是我還在當工程師時常接觸的用語，覺得聽起來很貼切，便予以採用爲書名。

這些在設計人工智慧時，所發現的男性腦使用方法，意外地能為夫妻之間帶來和平及安寧。期許這本書或許能夠將「令人火大的老公」變成「出乎意料的好老公」也說不定。總之，就請各位姑且一讀囉！

Contents

第1章 天生的男女差異，試圖分離世間夫妻

第2章 如何讓難用的老公變得「細心機靈」？

Contents

第3章 如何讓惡劣的老公變得「溫柔體貼」？

Contents

第4章 大腦其實就是這麼難搞的東西

Contents

第1章

天生的男女差異，試圖分離世間夫妻

我家老公總會溫柔地聽我說話，因爲我都會先說明：「我想跟你分享今天發生在我身上的悲慘遭遇，希望你能做的就是溫柔地表現出同理心，好嗎？」

這件事重複個幾次就成了規律，現已是我們之間的默契，他會抱著同理心與安慰的態度聽我訴說。

一切都是老公的錯？

以前的他會板著臉並在我講述原由的過程中，突然就出言否定我。

當老婆在訴說：「我對那個人這樣講，結果卻被說成那樣，感覺眞的很差。」的時候，理所當然會期待老公能以同理心地回應：「那眞是也太惡劣了吧！」或是以鼓勵的態度說：「沒關係，妳盡力了。」又或是安慰說：「這並不是妳的錯。」

可是，我家老公卻是面無表情地回應：「妳喔，那種講話方式眞的是有點糟糕……」要是我抱怨家長會的事，他就會說：「不爽就別做了啦！」或者「妳都說出這樣的話了，那爲什麼還要接下委員的工作啊？」

當初在戀愛時，我怎麼會覺得這樣態度好理智又好酷呢？到底是吃錯什麼藥了！眞的是把我氣得眼睛都要冒火了，至少給我來幾句「都讓妳一個人處理眞是抱歉！」、「妳既漂亮又能幹，他們應該是嫉妒妳才會這樣。」這樣才對吧！

當這種情況一再重複發生，漸漸就會開始覺得老公根本不懂我，眞的是個很惡劣的傢伙，毫無溫柔誠懇可言。雖然談戀愛時也曾指責過對方「好過份！」但兩人吵個小架，對方道個歉，終究以擁抱「秀秀，不氣不氣！」作結。

但在女性腦的本能陷阱作祟之下，一旦開始生兒育女，心動的感覺便有如風中殘燭。

男人也很苦啊！

對於被育兒與家務（職業婦女還要再加上工作）、追著跑而熱切盼望著老公吐出溫柔話語、並伸出援手的老婆來說，只覺得為何老公無法以同理心體會自己的埋怨？甚至覺得只會問：「妳今天都在幹嘛？」「就只有這些菜嗎？」的老公，實在是太過惡劣了。

但其實男方也是一頭霧水。在孩子出生前總會「溫柔撒嬌」的老婆，不知為何突然變得好嚴厲。要是問她：「妳在生什麼氣？」只會換來一陣「問題就在你連我爲什麼生氣都不知道！」的爆怒回應。

我曾收到過一封讀者來信，開頭便寫了「在孩子出生前，家庭就是天堂，但後來卻成了地獄。回家眞的壓力好大，能夠見到孩子這點是我唯一的心靈支撐。」據說他老婆還曾對他說：「就連跟你呼吸同樣的空氣都讓我覺得噁心。」不過，當他讀完《老婆使用說明書》，並改變夫妻間的對話方式之後，老婆又恢復成了天使。他最後寫到：「昨天，看著孩子熟睡臉龐的老婆對我說，眞希望這孩子早點長大，這樣我們倆就能一起出去吃美食、四處旅行了。」

從老公的角度看來，本來如天使般的老婆竟變成地獄之王，固然大受打擊，但老婆肯定也非常受傷，應該會覺得自己被推入了地獄。

然而，只靠一句話，便成功恢復了兩人之間眞摯的愛。當然，讓老公閱讀《老婆使用說明書》是有效的辦法之一；但老婆也該試著瞭解自己的大腦結構與老公的腦部運作。

老婆若是能夠妥善引導老公，老公就不會犯錯。更重要的是，能夠做到這點的女性，是有辦法掌控所有男性的行爲模式。一旦能夠操縱「基本上天生就是生來激怒人」的老公，不論是職場裡的上司，還是青春期的兒子，保證都難不倒你。

爲何老公要把老婆推入地獄呢？如何把家庭變成天堂呢？這正是本書主題。

接下來，我打算要來談談，老公爲何如此惡劣，或者說是爲何老婆會覺得老公很惡劣？

其實，把老婆推入地獄的，很多時候並不是老公，而是老婆腦中的生殖策略。

女性腦的生殖策略意外地相當殘酷。雖說不是所有女性百分之百都遵從本能，不過，其基本策略如下所述：

動物是依據異性的外觀、聲音、氣味等來判別基因狀況，然後愛上免疫力較高或彼此基因較相配的對象，試圖取得其基因。而雌性哺乳類由於生殖風險高（懷孕、生產並哺乳不僅很花時間，還很致命），所以要嚴格挑選對象來發情。這就是愛情的真面目。

但女性雖然會在一定期間內迷戀對方，若過了一段時間沒懷孕的話，就會脫離那種「情人眼裡出西施」的狀態。畢竟若是一輩子拴住無法造成懷孕的對象，喪失生殖機會的風險就很高。

原本覺得他因睡覺而翹起的頭髮好可愛，某天卻突然生氣地嫌棄說：「怎麼會這麼邋遢，連頭都梳不整齊？」原本的「溫柔體貼」變成「優柔寡斷」，「堅強可靠」變成「任性自私」，於是便失去興趣。愛情並非永恆。

若是懷孕並順利生產，則會變得更黏對方，只不過黏的方式會有所改變。因爲對方從戀愛對象，轉變成了應要提供資源的對象。爲了順利把孩子養大，就要徹底剝削應要剝削的對象，唯有採取此種策略，才能提高小孩的生存機率。

殘酷的母性

在本能的驅使下，生了小孩的老婆便會希望老公立刻在勞力、精神

（情感）、時間、金錢等所有方面提供資源。對小孩萬般呵護，但對老公卻是極度嚴苛，這就是眞正的母性本能。

世上的男性們一心以爲所謂的母性都是溫柔和順，以爲若有需要，自己也可以像孩子一樣享受那樣的溫暖。哪有這等好事！

所謂的母性，是爲了讓孩子能夠順利長大的策略，對成年男性當然是很沒耐性又極度嚴苛。要知道老婆們可是「搏命爲母」，像這種美化母性的想法，只會造成困擾而已。

老公們只要在身材變得圓潤、對孩子說話溫和甜美的老婆身旁，心情便會無意識地回到孩童時代，整個人鬆懈下來。然而，老婆卻無法忍受這樣的老公。

在替小孩換尿布時，小孩卻剛好翻了個身以致於拿不到擦屁股用的濕紙巾……這時之所以會對在一旁發愣的老公氣得雙眼冒火「你還在發什麼呆啊！」正是因為母性作祟。明明在生孩子之前，只要撒嬌地說句：「你幫忙拿一下嘛！」就沒事了。

因此，並不是男人變了，很多時候，其實是女人的大腦看待男人的方式改變了。

女性腦的陷阱

夫妻的危機還不止這樣而已。

當孩子學會走路，大腦便會開始充滿鬥志地想要「尋找下一個生殖對象」。畢竟生物生存的首要目的，就是「繁殖」。因此，大腦會不斷追求更好的基因，貪婪地持續著人生的旅程。

大腦會尋求比最近一個繁殖對象更好的基因、免疫力更好的個體。因爲就系統論而言，這才是最有效的繁殖手段。

但麻煩的是，女性腦並不會將之表現爲出軌心態。而是會透過無論如何就是對「最近的一個生殖對象」感到火大、不耐的狀態，以此爲引信，試圖開啓通往下一個對象的開關。因此，女性們深信「不好的是這個人，並不是我」。

在竹內久美子所寫的《女は男の指を見る（暫譯：女人會看男人的手指）》一書中，便曾提到過燕子的出軌的現象。

母燕子都愛尾巴長的公燕子，據說是因為公燕子的尾巴越長，就表示其免疫力越高。長尾巴是燕子在成長期並未輸給蟎蟲或細菌等的證據，因此，這樣的燕子左右對稱性也較高，外觀更顯俐落修長，看起來就是比較帥（從人類的眼睛看來亦然）。

據說母燕子都一定會偷吃尾巴比自己的配偶長的公燕子，試圖生出免疫力較高的小燕子。但燕子的築巢難度高，需要有公母雙方絕佳的默契才行，所以牠們並不會毀掉配偶關係。而該區尾巴最長的公燕子的配偶，必竟已擁有免疫力最強的老公，所以並不會有另外尋找對象的行為。話雖如此，一旦隨年齡增長而逐漸衰弱，肯定還是會比不上年輕個體就是了。

像這樣的動物生殖策略，若是拿來比對人類世界的道德觀，那還眞的是有夠殘酷、有夠嚴格的。

越是健全的人類女性，越容易落入這樣的陷阱——就在妳覺得老公實在是令人惱火到不行的時候。

實實在在地踩在地雷上的老公固然有錯，但老婆們也該知道這其實是自己腦袋的陷阱，這樣才能讓自己稍微冷靜下來。

以腦的特性來說，越是違逆本能，大腦就越會強化該策略。

明明不顧懊悔地拼命拒絕外頭好男人的飯局邀約，回到家卻被邋遢的老公劈頭就問：「啊，飯咧？還沒好喔？」這時格外令人火大。隔天起，腦海裡「丟掉這個男人吧」的低語，就變得更加強烈。

若你已決定要和一個人一起過一輩子，就必須自行判斷，到了哪個階段便再也回不來，然後絕不踏進該階段，而這就是女人的矜持之處。女人的人生，要由女人自己決定，我爲每一個女人的人生加油。

話雖如此，請記得不論對象如何，女性腦陷阱依舊會到來。之前看起來是那麼耀眼的他，終有一天也會變成「讓人氣到眼睛冒火的對象」。

男女的大腦到底是不同，還是沒有差異？

在男女間製造出鴻溝的，不只有生殖策略的陷阱而已。基本上，男性與女性的大腦調頻頻率不同，這就是問題所在。

不論男女天生都同樣具備可安裝所有功能的大腦，就這層意義而言，男女雙方的大腦並無差異。

可是，兩者的調頻頻率是不一樣的。

即使是同樣的收音機，若所調的頻率不同，就會變成一邊在談哲學，另一邊則播放著時髦的巴薩諾瓦（Bossa Nova）樂曲。男女的大腦就有點像是這種情況。

因此，對於「男女的大腦沒有差異」這個論點，我也是贊同的。既然是同樣的收音機，當然就沒有差異。

但想以「時髦的巴薩諾瓦樂曲」來放鬆一下時，便不會想聽「哲學講座」。即使是同樣的收音機，卻可以是「提供時髦休閒的小盒子」，也可以是「談論人生眞理的小盒子」。

這時硬要說兩者相同，豈不反而痛苦？

人為什麼會有慣用手？

人的大腦裡，存在有無法同時均等運用的功能。

一旦要控制眼球使之「瞬間瞄準位於遠方的運動中物體，立刻掌握距離感」，就無法「仔細觀察眼前的物體，觀察其動靜，不放過如針尖般的微小變化」。

分析過程的大腦，無法很快做出結論。

會說出「這麼說來，也是有那種情況和這種情況」的，正是在分析過程的大腦。這時，一旦被問到「到底是什麼事？」或者「不能先講結論是什麼嗎？」之類的問題，腦袋就會一片混亂，充滿絕望。

任何大腦都具備這兩種功能，但無法同時做到。

不立刻決定要使用哪一種功能，可說是相當危險。因爲在神經訊號的運算中，決定「要選擇同價值事物中的何者？」是最花時間的。在此猶豫期間，生命便可能暴露於危險之中。

我們每個人都有慣用手，要是沒有慣用手，就無法閃避朝著身體正中央飛來的石頭。因爲腦袋會猶豫不知該往左還是往右躲，以致於手腳太慢而躲不過，抓東西的動作也無法迅速靈活。

終究是有了主要的慣用手與輔助的支持手之分，我們才能夠靈巧地運用器物。

人類之所以有慣用手，是有其意義的。

想說明來龍去脈的女性腦VS急於結論的男性腦

基於同樣道理，大腦也必須瞬間決定要採用哪一種思考模式？是要看遠方還是觀察近處，是要分析過程，還是總之以目標爲導向。

人類的男性與女性，就是哺乳類的雄性與雌性，兩者的生存策略剛好相反，因此，這「瞬間的選擇」也是恰恰相反。

外出至荒山野嶺狩獵，經常遭遇危險，必須在迅速救援夥伴及自身的同時確實做出成果。這時，無法生存也無法繁殖的男性腦，會選擇「看遠」，迅速找出問題，趕快調整方向來對準目標。

對眼前的人的感受和身體狀況變化遲鈍無感，也不會說出什麼溫和話語，總是很直接地指出對方缺點。由於不分析過程，所以迴避危險的能力較低。換言之，面對同樣的危險時，若無法從經驗中學習，將會一再讓自己暴露於危險之中。

另一方面，人類的女性們有著漫長的哺乳期，且需養育出生後一年都還不會走路的幼童，她們會選擇鉅細靡遺地「看近」，不放過重要對象的任何身體狀況變化，迅速調整成能夠產生同理心的狀態。

基於同理及分析過程之需求，有事發生時，便會傾向於談論感受。因爲透過以情感抽取記憶的方式，大腦就能夠再次體驗事情的來龍去脈，進而得以有所發現。但也因此難以測量距離感，不擅長簡潔地直接道出結論。

當這兩種腦湊在一起的時候，若是無法聰明度日，婚姻生活就不可能是天堂。

正因爲是自己想保護的對象，所以才急著要解決問題，這是男性腦的本質。於是，在說出「妳沒事吧？」、「我懂！」之前，會先講出「妳這部分也有錯，要改過來啊！」然而，對希望信賴的人能夠同理自身情緒的女性腦來說，這簡直就是一種背叛。

女人也會使用老公腦

不管男的也好女的也罷，並不是一天24小時、一年365天都以天生的調頻頻率在過日子。

例如：女性在面對小孩的時候，就很常使用解決問題型的思考模式。一見到小孩就問「你作業寫了嗎？」、「為什麼不寫作業？」、「學校的課上得怎樣？」……等等。

這和老公一回家劈頭就問：「飯還沒好嗎？」、「妳一整天在家都在幹嘛？」、「妳今天做了什麼事？」等等是一樣的。

正因為是自己想保護、對他有責任的對象，所以才會這樣。

跟孩子說話時，當然也想說些「媽媽真的好討厭寫公司的日報。其實我今天偷懶沒寫，直接下班溜回來了。所以我完全可以體會你不想寫作業的心情。」之類的話。

可是做媽的怎麼能講這種話，要教小孩正確的觀念才行啊！偏偏自己又被時間追著跑，忙都忙死了……

是吧？老公也是一樣的。他沒有惡意，他只是很誠實而已。

「老公好惡劣」的真正理由

每個大腦都具備完整功能。因此，在夫妻之間，反而會造成更大問題。

男性在面對家人時，也採用解決問題型的思考模式。

對於所愛的人，最是嚴格；但對於不必負責任的其他女性，卻能夠說出溫和親切的話語。

而女性也一樣，對其他小孩能說出：「成績不好但後來出人頭地的人很多啊！」這種話，可是對自己的小孩卻不行。

談戀愛時，曾經是那麼溫柔體貼的男人，一旦成了人夫、當了人父之後，正因爲強烈地感受到責任，所以說話格外冷酷。而成爲人妻的一方，爲了提高小孩的生存機率，對老公的同理心，卻有著更勝於戀愛時期的要求。

這正是夫妻之間的鴻溝，就是「老公好惡劣」的眞正理由。明明雙方都是誠懇地在貫徹應有的生存之道而已，但卻搞成這樣。

小時候我深信，只要正正當當地過生活就能得到幸福。但長大後研究了男女的大腦後發現，就因爲過得正正當當，才同時有痛苦存在。但也正是這樣的痛苦，讓人類得以一路繁榮至今。

如何能夠克服這樣的痛苦呢？

靠宗教？靠精神論？靠女人們的聚會發洩怨氣？還是靠酒精麻痺自己？認眞想想，結婚之所以要宣誓，不就是因爲難以貫徹嗎？自古以來，婚姻一直都是很難貫徹的。不過，古代的人們並沒有那麼煩惱，因爲他們的人生結束得早。

活在21世紀的我們就不同了，搞不好得要熬過長達70年的婚姻生活才行。但我們有科學這個好幫手，可以努力看清男性腦與女性腦的差異，嘗試在深不見底的夫妻鴻溝上，建造一座可愛的橋樑。

若能做到這點，我們就能成爲眞正的新時代女性。

第2章

如何讓難用的老公變得「細心機靈」？

對話的引流

最近，我認眞地覺得，男人眞的不懂如何與人對話。

在通勤電車裡讀到報章雜誌上「夫妻若不對話，關係就會破裂」之類專欄的中年男子，回到家後便開始問起老婆：「妳今天做了什麼？」、「有去了哪兒嗎？」

突然被這樣問到，老婆反而會變得很敏感，即使沒說出口，但瞬間浮現腦海的都是「你的意思是我一整天都在家竟然只做了這些家事？」、「要去哪兒是我的自由，輪不到你管吧？」等想法。

我認爲只建議男人「要跟老婆對話」是很不負責任的，也必須教他們怎麼開口才行。

家庭裡的對話，要從「引流」開始。

諸如「今天中午我吃了麻婆豆腐，眞是有夠辣！」等一點兒也不重要的事，便足以開啓對話，但男人就是想不到。

像這樣起頭，對方便可能回應：「欸，我中午也吃了咖哩，好有默契喔！」接著「不是吧，麻婆豆腐和咖哩根本不一樣！」、「都很辣啊！」、「喔吔！（兩人擊掌）」等或許就這樣一來一往地聊開了（每次媳婦來，我們家大概就會呈現這種狀態）。

若對方回應：「我今天中午根本沒空去吃飯。」那麼可關心地問一下：「發生了什麼事嗎？」或許她就能暢快地把今天發生的各種鳥事都講出來。即使只是「喔，這樣啊！」順著話搭腔也好，甚至進一步邀約說：「我們好久沒去吃台菜了，下次休假來去吃吧！」也很不錯。如果對方還是沒什麼反應，就再積極點問說：「妳看起來很不開心吔！怎麼了嗎？」即使被嫌「你好煩喔！」也只要「唉喲——」一聲姑且打住別再追問即可。

一旦為對話引流，就必定能產生某種程度的交談。即使因為老婆的心情糟到不行而沒能有什麼回應，你還是能藉此表示自己會陪在她身旁。

一直東問西問不僅無法發展對話，還會讓對方覺得很不舒服……這樣的道理，男人其實不懂。

培養男人的對話力，是母親的責任

這國家的男人們不知為何，就連別人已經主動替他引流了，也都沒法好好回話。如果跟他說：「今天中午我吃了麻婆豆腐，眞是有夠辣！」

很可能只會得到「喔！」或「所以呢？」之類的回應。結果就變成老婆除了有特定事情之外，都不會刻意跟老公聊天，導致夫妻間的對話逐漸消逝。

其實這樣的對話技巧，必須由母親來教。

外國男人之所以很能聊，主要是因爲小時候就跟媽媽以成年男女般的方式交談。對女性溫柔體貼的義大利男性及法國男性們，和媽媽關係很要好這點，可說是國際知名。義大利男人不管是被誰問到，都會大方地承認「我？我當然是Mammone（義大利文的「媽寶」）啊！」對此，義大利女人則是面帶微笑毫不猶豫地斷定「Mammone？這沒辦法，不是媽寶，對待女人的技巧就不會好。」

所以，請各位回想一下妳們家的母子對話（若沒有小孩，就想想妳婆婆和妳老公的對話）。

若母親總是只對兒子說一些如「作業做了嗎？」、「趕快去洗澡。」、「別拖拖拉拉的！」之類很目標導向的話，兒子就會在對話技巧不成熟的狀態下長大成人。其實亞洲有很多善良的家庭都是這樣。

以亞洲人的個性來說，父母親是不會跟孩子說什麼：「媽媽我遇到了這種事，不知爲何就是無法釋懷。」、「美國的貿易策略實在很惱人，對於川普總統，你怎麼看？」之類的話。就算是一起看電影，也不會問：「這段讓我很感動，你呢？」讀了同一本科幻小說或推理小說，也不會彼此分享感想。

若家人之間的交談就只有「我餓了」、「我好渴」、「快去寫作業」、「把便當盒拿出來」等，男孩子如何能夠培養出對話技巧呢？

雖說老公的部分，眞的有需要好好處理一下；但有兒子的人，也必須預先替他著想才行。從幼兒時期開始，就要把他視爲「獨當一面的男人」，要問他：「你覺得呢？」

我自己在孩子進入斷奶期要拿嬰兒食品給他吃的時候，甚至會問他說：「有合你胃口嗎？」這是爲了將來你們能成爲可以互相聊天的母子，也是爲了他未來的老婆。

擁有家庭的價值

不久前，我們一家去旅行，在路過某處時，恰巧聽到一句台詞說：「我想要幸福……」此時，我突然開口說道：「我從沒想過要幸福吔。活到60歲前，我眞的從來沒有那樣想過，我是靠著好奇心活到現在的。」然後媳婦接著說：「我也沒想過要幸福，但確實希望能生活得更好。老公你呢？」把問題丟給了我兒子。結果我兒子笑著說：「我也是沒想過要幸福，但可是每天都想著要怎麼讓妳幸福。」

我和媳婦常常想到什麼就說什麼，而這方面我兒子眞的應付得很好。

前幾天，我不小心把工作排在盂蘭盆假期的第一天，結果訂不到新幹線的指定席，於是落得從東京一路站到名古屋的下場。而且還禍不單行地因計程車司機搞錯大樓名稱，導致我在大太陽底下走了好長一段路（司機複誦的名稱錯了，所以我重複講了好幾次，但對方卻堅持：「這位客人妳的疑心病很重吔！這就是妳說的那棟大樓，不會錯啦！」終究讓我在錯的大樓前下了車（泣））。

如此悲慘遭遇，我心想，非得找個人來安慰我才行，於是便撥了電話給兒子，結果兒子回應說：「唉呀，眞是太慘了，這就是人生啊！偶爾會發生這種事。好可憐喔！妳還好吧？」

我立刻覺得「我需要的就是這個」！有了這句，我便能繼續堅持下去，而這正是擁有家庭的價値所在。

至於我爲何不打電話給老公？那是因爲這方面我老公不像兒子那麼可靠，老公的回應大概只能有70分吧。而且至今仍無法排除被多補一句：「話說回來，妳到底是怎麼會忘了在這種日子要先預約新幹線的指定席啊？」的可能性。

我家老公目前仍處於訓練階段，還在練習別講出：「妳爲什麼會○○？」這種講了也於事無補的話。

如何鍛鍊男人的對話力？

就像這樣，老公的對話力低落雖然是他媽媽造成的，但咱們也不能放著不管，畢竟老婆和老公一起生活的時間比較長。

不論兒子還是老公，訓練訣竅都一樣，就是記得要進行一些沒有特定目的的交談。

「我喜歡像今天的天空這樣柔和的藍色，你呢？」或是「你喜歡玻璃製的風鈴，還是鐵製的風鈴？」又或是「布加勒斯在哪兒啊？」、「你最喜歡的漫威英雄是誰？」等等，什麼都好。

能夠進行無特定目的之交談的小孩，對於「家裡有好多茄子，你覺得用烤的好，還是炸了以後浸湯汁好？」之類的問話，也不至於會回應「隨便啦，煩死了！」這樣家庭的幸福對話，才能夠成立。

而且一旦習慣和年幼的孩子說一些無特定目的的話，孩子在4～5歲左右時，就會很常問出：「馬麻，彩虹爲什麼是七個顏色？」、「馬麻，番茄爲什麼叫番茄？」這類難以回答的問題。

這對大人來說很麻煩，但若妳也嫌他煩的話，小孩便會放棄交談。

其實對於這些難以回答的問題，妳也可以不要回答，但要對問題本身表示高興即可。像是回應：「你注意到了好有趣的地方呢！其實馬麻也不知道答案。哪天若你找到答案了，記得要告訴我喔！」

對於只會回應「啊？」、「我沒什麼感覺。」或「爲什麼？」等的老公，也請有耐性地促使他進行無目的的交談。

我們家由於母子太過聲氣相通，長期以來，老公總是被排擠在外。不過，自從媳婦來了後，她總會確實把我老公也拉進來。例如：她會記得問：「那爸爸呢？」或是「爸爸覺得如何？」等。

而我有時也會順勢針對兒子夫妻倆的甜蜜對話，央求老公：「你也對我這樣講講看嘛。」媳婦甚至還會替我跟老公說：「爸爸，你剛剛的講法媽媽是無法接受的，你要好好講才行喔！」

如此一來，我老公最近也漸漸能進行一些無目的的對話了。我本來以為他是無法改變的鋼鐵般「實用對話型」的人，看來凡事都是需要示範、說明，以及訓練的。

把你希望他說的話規則化

你可以試著把對話規則化，告訴他：「這種時候，你只要這樣講就行了。」

當老婆很暴躁時，就趕快先說：「你還好吧？看起來好可憐喔！」這已經是我們家的絕對鐵則。

前幾天我明明因為老公講的話而一時「氣急攻心」，沒想到始作俑者本人卻匆忙跑過來安慰我說：「妳還好嗎？看起來好可憐喔！」儘管我心裡大喊：「拜託！就是你造成的啊！」但不知怎的覺得有點好笑，於是就原諒他了。

雖然偶爾也會出現這種失敗的例子，但基本上男性腦眞的是一旦把事情規則化，就比較容易遵守。要他們「細心觀察並溫柔對待」，簡直比登天還難。

我兒子很小的時候，曾在某天我稿子寫不出來而頭痛不已時抱住我，並輕拍我的背。想必是覺得我看起來很煩惱、很痛苦，所以就把他身體不舒服時我對他做的事，也對我做一遍。結果神奇的事便發生了，我開始文思泉湧，寫起稿子來順暢無比。從那天起，「寫不出來……嗚嗚……」、「妳還好吧？（拍拍）」就成了我們母子間的一種固定對話。

在我兒子進入大學，而那樣的習慣早已遠離多年的某一天，在離家約車程2小時的郊外租屋居住的他，因有事而在深夜打了通電話給我。他的一句「妳聽起來不太開心吔！」，讓我忍不住嘆了口氣回答：「連載的稿子寫不出來……」結果他竟說：「那我現在騎摩托車回去看妳吧？」

男性腦對於規律極爲忠誠，信守承諾就是他們愛的表現。因此，爲了相信愛情，男女之間（也包括母子之間）最好能建立某種規律。

一開始就要撒嬌，讓老公建立規律。男人會忠實地持續遵守規律，而女人則能從這一點來相信男人的愛，就算他沒有一直說：「我愛妳。」

「規律」能夠守護你倆

我們夫妻倆婚後決定的第一個固定規律，是「手套專員」。

我的生日在12月中，離聖誕節很近，所以談戀愛時，我老公總是很傷腦筋。本來就不是對討好女性有很多豐富點子的人，才隔不到10天又再來一個節日，實在是太過艱苦了。

於是爲了減輕他的心理負擔，我想到一個辦法，就是叫他「以後只送生日禮物就好，而且每年都送手套給我。」

其實我們倆的品味差異相當大，他爲我選的小配件對我來說很難用，皮夾和包包也很難帶得出門（我後來才知道，原因出在我們兩人控制軀幹的方式，恰好是兩種相反的類型。他屬於將無名指往中指側內旋的方式來拿東西，而我則是以無名指外旋的方式來拿東西。固定物體時，他用的是指尖，而我則是用手掌）。既然如此，我想說那麼乾脆點，選手套應該就不會有差錯了。

每年都收到手套也不會造成困擾。黑色皮革、駝色皮革、米色皮革等經典款都收過後，再來一些有紅有綠等漂亮裝飾色的也不賴，偶爾還可換成廚房用的隔熱手套，或是小孩用的手套。在這過程中，最早送的黑色皮革經典款，可能就已破舊髒汙，想要換一雙了。對我來說這眞是個好主意。

「從今以後，守護我的雙手免於冬天的北風摧殘，就完全是你的責任囉！」

我就是用了這句話，將他任命爲「我的手套專員」。

婚後十幾年時，離婚的危機找上我們，我們倆談了很久，幾乎就快簽下離婚協議書……

就在我們討論得如火如荼時，他突然問到：「今年的手套妳想要什麼顏色的？」當時的確已是11月底，以往每年差不多都是這時候決定手套的顏色。

我一時不知所措，直接回了一句：「蛤？我才不要你的手套呢。」這是當然的嘛，哪個女人會戴已分手男人送的手套啊？但我老公卻面不改色、語調平靜地說：「但冬天還是會來，北風還是會吹，手還是會冷吧！」

這個人……我心頭一震，一時說不出話來。都到了這種時候，竟然還記著要完成被賦予的**「從今以後，守護我的雙手免於冬天的北風摧殘，就是你的責任囉！」**這個使命。

我感覺自己那時似乎瞭解到了，男人的愛就是以老實到有點愚蠢的方式在遵守約定。就算我所期待的各種話語，他都沒能提供給我；就算連一絲絲的眞誠與體貼似乎都看不到。

我邊哭邊笑地覺得，這人是在搞笑嗎？這人肯定在分手後還會繼續送手套來，如果要收下這樣的手套的話，就別分手了——我最後做出了這樣的決定。

那時，若他不是手套專員的話，我們倆可能已經離婚了。

所以請各位也務必建立屬於你倆的美好規律。

不過話說回來，就算老公忘了規律，也不必懷疑他的愛。一旦兩人的關係穩定下來，男人這種生物就是會徹底鬆懈。我老公也經常忘了他自己是手套專員，而我都會趁此機會跟他凹一些更高價的，如手錶之類的禮物做為補償（微笑）。

訂出一個規律，即使他忘了，也絕對不吵不鬧，只要每次都溫柔地提醒他那個規律就好，只要他偶爾沒忘記就好。就算只是這樣，到了關鍵時刻，那規律肯定能夠把你們牽在一起。

老婆也要為老公提供「規律」

其實「規律」對男性腦來說，是很舒服的。

自古以來一直都負責外出狩獵的男性們，擅長控制大腦與眼球來瞬間瞄準從遠處飛來的物體，同時還能立即評估其距離。

爲了能夠專注於遠方，身邊的事物最好都規律而固定，這樣才能放心地將注意力集中於遠處。

據說，騎在時速超過350公里摩托車上的世界頂尖車手，對於休息室裡的物品配置，像是安全帽及手套等的放法等，可是以公釐爲單位在計較的呢。而且每次都要以同樣的方式進入賽道，絕不改變前後左右的順序。就連整理賽車服皺褶的順序，也是每次都一樣。因爲這規律只要稍有差錯，就可能導致意外。

此外，以前的木工師傅出門時爲了求好運，總會用同一隻腳跨過門檻。而實際上我就曾親眼見過，來替我娘家做增建工程的木工師傅，一早在玄關跟我們討論完畢後，轉身跨出門檻時，只因爲用錯了腳，便特地進來再重走一次呢。

男人們若是從事一旦錯估距離便會有危險的工作，就是會這麼講究。而送他們出門的人，也會以同樣固定的儀式送他們出家門。江戶時代，對於要出門做高危險性工作的丈夫，妻子會在送他出門時敲打打火石。就算沒講究到這種程度，男人就是偏好去固定的理髮店、固定的餐廳等，不太會改變。

在把妳希望老公做的事建立成「規律」的同時，也要爲老公提供「規律」。

尤其「出門那一刻」和「回到家那一刻」特別重要，因爲男人是在玄關切換大腦模式。當然兒子也一樣。

「路上小心」和「你回來啦」，都要用一如往常的語調溫和平穩地說，這點最好能夠爲他持續下去。不論再怎麼火大不爽，就算是吵架吵到一半，也要確實做到。

這是爲了保護男人免於意外事故，讓他們能夠做出成績、平安歸來的重要魔咒。也是告知男人，家庭是平靜安穩之處的重要訊息。

衡量愛情等於自尋死路

對男人來說很舒服的「規律」，對女性而言卻有些無聊。因爲女性腦會以能否跨越規律、發揮巧思來衡量愛的有無。

在談論對於妻子何時會感受到愛這話題時，有位男性表示是在「回到家，吃老婆煮的飯菜時。」這人是浪漫主義者？大概是覺得老婆每次做飯時，都放進了很多對丈夫的愛吧？但明明應該只是爲了孩子做飯也順便煮給老公吃，或是每天躲不掉的任務而已。

反之，男人是把「每天回家」或「每天工作，每個月上繳薪水」等「一再重複的規律」，做爲愛的證明來持續努力。

這種事對老婆來說，不過是理所當然。老婆只是把家務當成「理所當然的任務」在執行而已，不會以此來衡量愛。

愛，要以老公自發性的「非固定行爲」來衡量。像是，不必特別要求，就會自動在紀念日時預約好餐廳；不時講一些感謝及讚美的話語，或是在老婆感冒時，去買容易消化的食物及飲料回來，並叮嚀老婆要好好休息……等等。

女性們認爲諸如此類「不必說」也會自動做的「非固定行爲」，才是愛的證明。

提供「固定規律」的老公，搭配上只在意「非固定行爲」的老婆，這樣當然永遠看不到愛。女人若堅持要這樣衡量愛情，只會自尋死路。

千萬不能用「細心體貼的非固定行爲」，來衡量對方的愛。就如接下來所寫的，妳想要他說的、想要他做的，就都乾脆地講出來、直接提出要求就好。

紀念日尤其要當心

「紀念日」和「身體不舒服的時候」應要格外小心。

因爲在這些時候，老婆總是容易一心盼望，平日毫無作爲的老公能夠有所表現。一旦把「至少這天（紀念日）」或「至少在這種時候（身體不舒服的時候）」不必說也會自動做這點，當成對老公愛的檢驗，肯定會落入絕望的深淵。

如果想慶祝紀念日，就把想去的餐廳的電話號碼直接交給老公，請他負責預約和付錢即可。身體不舒服的時候，就具體地告訴他：「請買這個和那個回來。」

以我家老公爲例，即使都小心到了這種程度，在有一年的生日時，我還是一個不小心就被他推入了絕望的深淵。

當時，位於市中心的我們家附近，開了一間像是銀座才會有的高級天婦羅店。得知此事的我無比興奮，多次央求老公：「我生日的時候，你要記得去預約這家喔！」像這樣要求老公在我生日時帶我去特定餐廳，可是我結婚34年以來的頭一遭。

我相信老公對這34年來的頭一次央求，肯定也是誠心誠意地想要好好滿足（即使他是個當我說出：「我要活得比你久才好。」會語出驚人地放話說：「妳別花我的遺產啦！」的男人）。不過現在想想，我確實也在懷疑他，正因爲心存懷疑，所以爲了消除疑慮，我決定賭了這一把。

結果在生日的一個禮拜前，我發現老公徹底忘了這件事。在極度的憤怒與悲傷之中，我一邊哭著一邊宣告：「以後再也不跟你一起吃天婦羅了！」雖然，最後在媳婦的調解下，我還是成功地在天婦羅店慶祝了生日。

就連應該很清楚男性腦本質的我都會這樣。這次的經驗著實令我深切體悟到，「只用這一天」來打賭、衡量老公的愛，真的是非常危險。已將禮物規律化的我們家，或許也該乾脆把紀念日的活動給規律化會比較妥當，每年都叫他預約同一間餐廳好了。藉由每年都到同一間餐廳慶祝而「累積出的回憶」，經過10年、20年之後，肯定也會發展出獨特的趣味。

請務必記得，若妳說了他就會做，便足以證明妳是被老公深愛著的。對老婆而言，令人火大的「妳要講啊！妳講我就會做啊！」其實是老公真心誠意的體貼方式，也是他愛的表現。

關鍵就在於，固定的規律、規則。

我認爲歐美的女士優先，眞的是個非常好的設計。在男性腦中規則化爲一種「紳士的禮儀」，並使女性腦堅信這是對方對自己的「細心體貼」。替女生開門、讓座給女生，或是當女性從椅子上起身時自然地伸手保護等。

諸如此類的禮節，也是該由母親來教導兒子。

我們家兒子從小學二年級起，就算是去家庭餐廳也不會爭先恐後地坐下，他會先確定所有年長女性都安全入座後，自己才坐下。下上樓梯時，會注意現場最年長女性的安全。坐電梯時，會負責按住按鈕讓在場所有女性先行出入。進入建築物時，會拉開大門順便讓隨後的其他人也能直接通過。甚至在參加宴會我穿著長裙禮服時，他也會體貼看不見自己腳步的我，讓我扶著他的手走，並送我上車。雖然不是一直都牽著手，但總是細心守護在伸手可及之處。

這種事，其他女人是不會教的。別說是歐洲了，近年來就連日本也開始嫌棄不懂這類禮儀的男性。這或許也是因爲女性ＶＩＰ越來越多的關係。

雖說女性的ＶＩＰ們一直都是與男性並肩競爭，並不特別想要女士優先的服務，但她們其實是以此來衡量對方的溝通能力與機靈程度。

即使是男女平等，也不能連尊重「年長女性」及「重要女性」的禮節都沒了。更別說那些身強體壯的年輕男子，對年長女性毫不體貼的態度有多麼地不堪入目。對於職業婦女，雖沒必要替對方拿東西，但至少應該要幫忙開個門、就坐時應該先站著等她坐好才是。

話雖如此，但我們家兒子也並不是一直都乖乖照做。唸小學時他曾對我說：「馬麻，妳說全世界的男人都會這樣做，但台東區*的好像不會吔。」這時，我不慌不忙地如此教誨說：「你是要走向世界的男人，還是只想一輩子都待在台東區呢？」我兒子考慮了兩秒後，點頭說：「還是跟全世界一樣好了。」

縱容兒子，老公就會得寸進尺

以讓兒子能成爲獨當一面的男人爲由，來請求老公配合，藉此促成老公的女士優先習慣，或許也是不錯的辦法；又或是讓女兒針對其女士優

＊注解：日本東京都的特別區之一，為東京都各特別區中面積最小者。

先的行徑大讚：「把拔好帥喔！」

我家老公本來都說：「對於健康的成年人，何必要細心體貼？」在這方面落後兒子很多；但後來不知不覺地，就變得跟兒子一樣能做到女士優先。看著兒子小小身影拼命想幫我提東西的樣子，讓他終於也忍不住開始出手幫忙。

女士優先對男人來說是形式，對女人而言卻不然。當老公會幫自己看前顧後、拿東西、開門，會確定我安全無虞的話，他真的就顯得無可替代了。沒有被這樣培養的男生，不懂得此微妙之處。

對於男人，妳希望他做什麼，就要乾脆地直說。而一旦他做到了，請務必由衷感謝。我想，沐浴在母親及妻子喜悅中的男人們，溝通能力肯定會提升。

若總是讓兒子早早坐下，還幫他拿東西、幫他按電梯，同時卻又咒罵著「老公怎麼一點兒也不體貼」的話，事情是不會有任何改變的。因為老公必定都是老練地跟隨兒子的模式，想盡辦法要偷懶賴皮的。

男人以沉默紓壓

男性腦不擅長說話。即使是開心的對話，男性腦還是會焦慮緊繃。為了緩解緊繃，安靜沉默對男性腦來說必不可少。

這點對用講話來減緩緊繃情緒的女性腦而言，實在很難理解。

生存機率一旦降低，大腦就會緊繃（感受到壓力），而生存機率一旦提高，緊繃便能夠緩解（會釋放壓力）。

女性是透過說話及同理心來提高生存機率，因此，話講得越多，就越能紓解壓力。男性則是透過沉默和解決問題來提高生存機率，因此，在安靜沉默之中放空時，才能夠紓解壓力。

一直講個不停的老婆，和放空沒在聽話的老公。就某個意義來說，這是最好的辦法，因爲彼此都處於緩解大腦緊繃的狀態。

只要老婆不對沒在聽話的老公生氣就好，只要老公沒有努力地勉強自己聽老婆講話就行。

男人不知女人是靠同理心生存

自古以來，女性都是在群體中養育孩子。我們是哺乳類，必須哺乳才能養大孩子。在自然界中，有些生物的哺乳期甚至長達3～4年，更何況以人類來說，這其中有一年孩子連路都不會走呢。需要長時間精心照護的人類，一旦母親身體狀況不良無奶可餵，小孩就死定了，這風險實在太高。因此，女性一直都是在彼此密切溝通之下，互相支援奶水、分享育兒智慧，藉此提高整個群體中所有小孩的生存機率，以此方式持續繁衍至今。

對女性而言，提高生存機率的最好辦法，就是「同理心」。與其打贏對方讓對方恐懼而遠離，與其急於解決問題而使周圍的人避之唯恐不及，讓對方同情並關心地表示：「妳還好吧？有奶水嗎？」的女性腦，才能夠靈活地養大孩子。

能透過打贏對方讓對方恐懼而獲得好處的，只有爭奪地盤的男人們。說話是讓彼此互相同情、同理的重要工具。若能聊得熱絡而獲得對方的同理，自己和孩子的生存機率都會提升。所以大腦會感到開心，緊繃便得以紓解。

對女人來說，沒有什麼比同理心更重要的了。

因此，若無法獲得老公的同理，甚至可能導致精神疾病。人妻若是有個同理能力顯著低落的亞斯伯格症老公，就可能陷入失眠、頭痛，以及當老公回家時間一到，便呈現心悸或頭暈等症狀的所謂卡珊德拉症候群（將於第4章詳述）。

畢竟沒有同理心的生活，對女性而言是那麼地痛苦。

男性腦由於必須在爭鬥中勝出，必須要急著解決問題，故以同理心爲次要。他們無法立刻感覺到其必要性，也因此無法理解女性爲什麼「沒有同理心就活不下去」。

若是希望獲得老公的同理，就只能明確地如此要求。例如：直接告訴他「對於我接下來要講的事，你只要表現出同理心即可，不必試圖幫我解決問題。」

特地要求對方表現同理心難道不會很掃興嗎？其實不會喔！即使是被迫表現出的同理態度，也讓人覺得挺愉快的。而且男人也不是眞的毫無同理心，你並沒有要求他說謊，只是請他改變一下先後順序罷了。

為什麼老婆的話，都像是蚊子的嗡嗡聲

另一方面，一如缺乏同理心的生活之於女人，對男性腦來說，缺乏「安靜沉默」的生活才是萬分痛苦。

進入山裡的獵人們，藉由風與水的聲音來得知前方地形，靠著細微的風吹草動聲來察知野獸動靜，要是旁邊有人吱吱喳喳地講話講個不停，

便可能使其生命陷入險境。

我一再強調，男性腦是依狩獵來調整調頻頻率的。唯有在荒野中即使遭遇危險仍能確實做出成果的男性，才得以增加其後代數量。他的子孫如此，而子孫的子孫亦然。像這樣的男性腦，若沒調整成狩獵用規格才是奇怪。

基於此理由，當旁邊的人吱吱喳喳地講個不停時，男性腦就會明顯地緊繃起來，而太過緊繃的結果，便是進入將空間認知能力（策略力、危險感知力）發揮到極致的模式。

爲了充分運用空間認知的訊號，就只好挪用語言分析的訊號，於是便停用語言輸入功能，關閉了語音辨識引擎。換言之，這時老婆的話聽起來就像蚊子聲，大概是尢尢尢、嗡嗡嗡之類的吧。

這就是男性腦這種「裝置」的本質。

若是在開口後30秒內聽不出目的（解決問題的主題），男性撐不到3分鐘就再也聽不下去。他既不是沒誠意、不愛妳，也不是在發呆，他只是開始徹底發揮保護老婆免於危險的空間認知能力。

不過，很多女性會覺得，明明談戀愛時他都很認眞聽我講話啊？與尚未到手的女性對話時，「鉅細靡遺地聆聽其話語」正是「解決問題的辦法」，也正是「目的」，所以男性當然會很認眞聆聽。

至於自己基於責任而必須守護的女性，「確認今天一天安全無虞，若有問題就要解決」，才是對話的「目的」。

到手了就不珍惜？沒這種事。把老婆的話聽得像蚊子的嗡嗡聲，可是男性腦爲了保護到手的女性，所展現的最大誠意呢。

因此，對於在你面前彷彿沒在聽話、一臉放空的男人，請原諒他吧！

男人總在恍惚中進化

另外補充一下，對於兒子，在這方面也請務必睜一隻眼閉一隻眼。

男孩子，以及日後活躍於理工或藝術領域的女生，平常看起來都還蠻恍惚的，因爲他們總是在發愣的時候，磨練其空間認知能力（理工、藝術的基礎能力）。直到掌管空間認知的小腦，達到8歲左右的發展關鍵期之前，有多常發愣，或許可說是決定了之後理工能力的一大要件。

若妳的小孩很容易發愣，那麼別催促他學東學西，最好讓他做他喜歡做的事，他的才能才更有機會開花結果。

附帶一提，我們家兒子發愣的樣子可謂超群出眾，感覺就像是走了一步發一下愣，再走第二步又發一下愣。小學一年級時的下學期，某天從學校放學回到家的兒子，對我說：「馬麻，今天在學校裡發生了不可思議的事情喔！」他接著說：「我一到學校，竟然就已經是第2節課了吔。」

恍惚到這種程度，也只能一笑置之了。當時我就想「唉呀，這顯然是徹底的理工腦袋，（或許能成爲）策略家（那就好了）。」於是便盡可能放他自由發展。所以他沒學過什麼課外才藝，也沒去補習，最後是從物理研究所畢業。經歷汽車的設計工作後，現在參與公司的經營管理。在週末他也是個獵人，還取得了林地進行開墾。

如此想來，我的育兒方式算是CP值挺高的呢。

對話壓力小的女性桃花旺

基於上述理由，對長舌碎嘴備感壓力的男性腦便覺得，最好要小心

「想到什麼就直接開口講個不停的女性」。

這類女性意外地比較不受男性歡迎，雖說也不是沒有男人追求，但就是不容易被求婚。在工作上，則會被誤認爲能力較差。

人對於「能夠緩解大腦緊繃的對象」會感到舒適自在，對於「使自己大腦緊繃的對象」則感到不舒服。這和乾淨清澈的水令人舒心，混濁發臭的水令人不悅，是一樣的道理。

就算勤於護臉護膚，保持腰部纖細，甚至花30分鐘把頭髮捲得好自然，女人若總是不必要地引發男性腦的緊繃，便什麼也得不到。

對男性而言，女人就該要是對話壓力小的。我認爲這是女人的最高級技巧，不論在戀愛上還是工作上皆然。

喋喋不休是女力的證明

雖說既是人妻，應該就已通過這項考驗，可是一旦結了婚進入生殖狀態，往往都會搖身一變成爲「想到什麼就直接開口講個不停的女性」。

這是因爲「想到什麼就直接開口講個不停」，能讓大腦再次體驗過去經歷，並從中獲得新的啓發。是一種從一日的體驗中，進一步擷取智慧的大腦技巧。

其目的在於，提升迴避危機的能力。亦即講述負向體驗，並於腦中建構資訊，以避免今後人生再次遇到同樣的事情。

因此，這類喋喋不休的最大特徵，就是絕大多數都很負面。對聽話的人來說，感覺似乎都是抱怨。

但今後要養育孩子的人，若無法運用此一技巧，那可是會非常危險的。畢竟和遭遇危險時手腳俐落的強壯成年男子們不同，孩子們可是一次危險也遭遇不得啊！

這世上不存在沒用的腦

對於年輕女性或正在養育小孩的女性們，不斷地訴說著負面的東西，一副全世界都繞著她轉的態度，我並不會有任何不愉快的感覺。只會覺得「唉呀，正在提升迴避危機的能力呢！很好，很好！」

同樣地，對於在發愣的男孩，也只會覺得「唉呀，正在提升空間認知能力呢！很好，很好！」

人一旦瞭解大腦，對周遭就會變得十分寬容。因為大腦並不具備「只有缺點」的功能。發牢騷是為了迴避危機的能力，放空發愣則是為了空間認知能力，甚至失敗也是爲了培養直覺及感受力的一種腦部練習。
男人以「學不乖而一再失敗，每天都發愣者」最爲優秀，女性則以「因失敗而焦慮，每天都喋喋不休者」最爲優秀。
話雖如此，當維生素B及鐵質、鈣質的不足，也可能不必要地過度強化了「發愣」和「焦慮」的現象。
一旦養成不好好攝取動物性蛋白質（魚肉蛋），總是以容易消化的醣類（麵包及白飯）等來塡飽肚子的習慣，便會流於無法提升空間認知能力的「發愣」，以及無法提升迴避危機能力的「碎碎唸」。這是很可惜的，故請注意營養務必要均衡。

3秒規則

先前我曾提過，男性腦只要情緒稍微有點緊繃，便會停用語音辨識功能，於是對方的聲音聽起來就會像是蚊子的嗡嗡聲。

這對女性來說，眞的很難理解。因爲女性腦只要是醒著，就幾乎不會有完全關閉語音辨識功能的情況。

即使面前的人話講個不停，越講越久，聽到都已分心思考起晚飯要煮些什麼了，一旦被問到「你覺得呢？」時，還是能知道對方在問什麼。所以能夠馬上回應「嗯，這個嘛……」只要姑且給點反應，很想繼續講的對方，就會簡單扼要地再講一遍。因此，女性間的對話，就算其中一方多少有些恍神，也還是能順利進行。但男人就沒辦法這樣了。

由於「你覺得呢？」聽起來就像是「嗡、嗡嗡嗡——」所以毫無頭緒，只好反問「蛤？」而這個「蛤？」便觸怒了老婆。

例如：老婆突然對著正在發愣的老公，很快地講了一句：「電影票你買了嗎？」由於聽在老公耳裡，這句就像是「嗡、嗡嗡嗡——？」於是他就反問「蛤？」而這裡的「蛤？」是代表「妳說什麼？」之意。

對於完全沒想到老公聽到的竟是「嗡、嗡嗡嗡——？」的老婆來說，這個「蛤？」的意思，聽起來就像是「我有答應過要買嗎？」

此時，老婆又劈哩啪啦地很快回一句：「欸，你這什麼意思，你明明就答應了！」這聽在老公耳裡也是「嗡、嗡嗡嗡——！」所以老公又再「蛤？」了一次。這次的「蛤？」對老婆而言，相當於「我不記得有這種事」於是事情就大條了。

我可不是在說笑。在夫妻日常生活中，演變成「你那什麼態度！」的事件裡，有不少就是由無法辨識老婆語音的老公所引發。不幸的是，這點無法靠男方解決，只能請老婆們避免對老公發出「突如其來的連珠砲」。

跟男性說話時——

①首先要進入其視線範圍，並呼叫他的名字。

②等待2～3秒左右，再進入正題。

千萬別忘了這樣的兩階段控制。

總之，一開始講話要慢，一旦語音辨識的開關開啓，之後講快一點也完全沒問題。

光是如此，便足以讓家庭內的「你這什麼意思!?」事件大幅減少。在職場上也可提升男性下屬對你的信任度。眞的，請務必一試。

先說結論，先講數字

男性對不知結論的話很沒耐性，因爲這會讓他們疲憊不堪。

在狩獵的過程中一路進化至今的男性腦，總是想知道「目標在哪裡（該瞄準哪兒）？」若老婆的話以「今天早上我洗了大型衣物」起頭，老公便會做好準備，心想「是洗衣機有問題嗎？」但若接下來說的是「結果下午天氣轉陰，床單就沒曬乾。」之類沒重點的內容，那就會帶來壓力。

這種壓力一旦超過一定值，男人便會關閉語音辨識功能，於是老婆接下來說的話，聽起來都會像是蚊子的嗡嗡聲。這是男性腦保護自己的一種行爲。

所以一直對老公講一些沒有結論的話，其實相當殘忍。更別說還生氣地罵他：「你都沒在聽我講話！」老公眞的是太可憐了。

跟男人說話時，請先說結論。若對話是爲了要做出結論，則要先說出其目的。

例如：若是要商量法事，就可以這麼說：「我要跟你談談關於媽媽逝世三週年該辦的法事，重點有三個。什麼時候辦？在哪裡辦？要叫誰來參加？」

只要一開始先這麼說，老婆的話就不會那麼快變成蚊子的嗡嗡聲。若能在客廳放個白板，寫上這些議題，老公的專注力就更不容易中斷。

教訓兒子時也一樣。例如：「我要跟你講你房間有哪幾個部分沒整理好。主要有三個部分，就是床頭、桌子下，還有丟在走廊的衣服。」

在注意到這點之前，我的訓斥都是由抱怨和舊事重提所交織而成。一想到以「你喔，你就是這樣」開頭的長篇大論，對兒子的大腦而言，竟然都只是蚊子的嗡嗡聲，我就超級沮喪。

對公司裡的男性下屬交代工作時，也是同樣道理。例如：「我要跟你講一下企劃書怎麼修改。主要有四點，第一點是……」。「我不是跟你說了要這樣做嗎？怎麼會搞成這樣？你喔……」像這種落落長的講法，根本毫無意義。這樣不僅對方聽不懂，還會被認爲是沒條理又情緒化的人，只會降低他們對妳這個主管的評價。

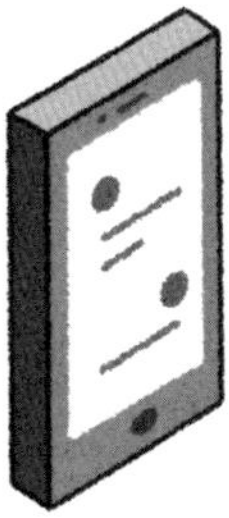

可以從來龍去脈開始講起嗎？

在對話方面，若能確實遵守「3秒規則」和「先說結論，先講數字」，就近乎完美了。他們都會說妳是能幹的女人、明理的女子。

我自己過去在擔任顧問工作時，就曾被老闆指出這個毛病。他說：「妳總是從來龍去脈開始講，說了一長串，那種講話方式顯得很蠢，以後別再那樣了。客戶問妳問題，要先說出結論，然後解釋細節時，要講出有幾個重點。」

自從我採取這種說話方式，沒多久便開始有人稱讚：「黑川小姐真是聰明。」來委託諮商的案件也增加了。男性們的反應之好，連我自己都覺得「這也未免太神奇」。

後來當我得知男性腦爲「目標導向」時，對此建議的準確性更是感到驚嘆不已。

另一方面，從來龍去脈開始講起的話，大腦會注意到「潛藏於過程中的事實」。因此，若是爲了「生出新點子而開會」，以及「無法立刻解決問題」的時候，從來龍去脈開始說起，也是相當重要。

在這類情況下，只要先跟男性對象說一聲：「我接著要講的內容，雖然不是那麼有條理，但有些部分値得注意。可以讓我從來龍去脈開始說嗎？」就行了。由於這時大腦的目的，就是要「聽清楚來龍去脈」，所以男性也能夠無壓力地好好聽妳說。

在此狀態下，即使於行銷會議一開始講出：「其實我昨天跟老公去百貨公司地下街時，遇到了這樣的事……」也沒問題，並不會被指責說：

「妳到底是要講什麼？」或「不重要的閒聊請會後再講。」
我也把這招應用在老公身上。例如：事先跟他講好說：「我要跟你說今天發生在我身上的悲慘遭遇，你要認眞聽並且溫柔地安慰我喔！」

別試圖推測老公的話中之話

在夫妻對話方面，要注意的最後一點，就是別試圖推測老公的話中之話。老公的話裡，多半都沒其他的話。

之所以問：「菜就只有這些嗎？」也只是要確認「就用這一片鮭魚配兩碗飯吃就行了，對吧？」若把這解讀爲「妳一整天在家就只做出這點菜？」實在是太吹毛求疵。

「妳今天好晚回來喔！」也只是單純的狀況確認，不必因此高八度地回應：「我不是早就跟你講過了嗎？」只要爽朗地回答：「是啊！」即可。

即使老公眞的是很壞心地這樣諷刺妳，也別在意，就回他：「是啊，不夠的話還有三島香鬆給你灑一下，還是你要拌個生雞蛋？」輕輕帶過就好。

諷刺這種事畢，竟是要對方有反應才有意義。如果他諷刺了半天老婆都不爲所動，那他很快就會覺得無趣了。

曾經有人告訴我：「老公的話裡沒有話這件事，是眞的。」

據說那天她家有三個大型垃圾要丟，於是便拜託老公幫忙搬到大樓門口去。而搬完一個後，她老公看著剩下的兩個垃圾問道：「這些全都要我搬嗎？」

老公不細心的真正理由

若是依照往常，她一定會生氣地說：「我還有其他事要做，不過就拜託你做這點事也不行嗎！」但那天她突然靈光一閃，便試著回答「是的，麻煩你了。」結果她老公「喔！」了一聲後，乖乖的又再搬了兩趟。

事後她問老公：「你當時的那句話只是在確認嗎？」老公回答說：「是啊，只是確認到底是剩下一趟還是兩趟。」她又接著追問：「不是在諷刺我？」而她老公一臉莫名地則回說：「爲什麼要諷刺妳？」

果然不是只有我家老公這樣，她這段話聽得我很是感同身受。請各位也務必在府上試試，肯定會發現不少冤枉的「憤怒」喔！

接著，針對「老公不幫忙做家事」這個問題，讓我來說明一下。

老公就是不細心。

我家老公年輕時，聽到我喊：「火鍋煮好囉！」的時候，只會走到餐廳坐著。若我說：「你至少也幫忙拿個鍋墊吧！」他就會直接把隔熱用的鍋墊放在桌上，也不管桌面上還放著一堆報紙和原子筆。若我說：「不是吧，你不先把桌面整理乾淨要我怎麼放鍋子？你認眞一點好嗎？」他就會來這句：「唉，妳要講啊！妳講我就會做嘛！」必須要講才會做這點，眞的是很惱人。

女性們同住時，只要有一人在廚房裡做菜，另一人就會觀察是否有煮好的跡象，在對方出聲呼叫前就走進餐廳，整理桌面，把桌上的多餘物品收好，放上鍋墊，再擺好碗筷與湯杓。我大學時代的室友就會這麼做，現在則是媳婦會這麼做。

而老公至今依舊是叫了才會來，更別說要他觀察菜是否有煮好的跡象似乎是不可能的任務。不過，該做的都已規則化，他都知道了，所以不會出錯。

儘管如此，對於新的狀況眞的還是很不細心。對於用眼睛看就知道的狀況，他依舊不會有任何動作。

但妳知道嗎？這並不是因爲他不認眞、不用心，而是他無法正確認知老婆的行爲舉止。

女性用一個動作，男性用兩個動作

連接胸骨與肩胛骨並支撐著手臂的鎖骨有兩種運動方式，朝側邊滑動與朝縱向旋轉。而藉由這種運動方式的搭配組合，手臂便能夠完成各式各樣的動作。

實際上，據說男性與女性使用鎖骨的方式有點不太一樣。女性大多優先採取滑動鎖骨的方式，男性則大多優先採取旋轉鎖骨的方式，因此，兩者的動作舉止不同。這是運動教練告訴我的，而觀察世間的男男女女，看來的確是有此傾向。

女性是將鎖骨朝側邊滑動，伸出手臂，如一筆畫般流暢地拿取物品。手臂是在肩膀下悄悄地動作，即使是很粗魯的女性，也不至於給人用力搶走東西的感覺。

而男性則是以旋轉鎖骨的方式拿取物品，是將手臂朝前方伸出再收回，會給人一種看準了後搶過來的感覺。

在餐廳裡觀察服務生的動作便會發現，男服務生大多正對桌子，將手臂往前伸出，以最短距離並瞄準目標的方式上菜；而女服務生則多數是讓自己側身靠近桌子，朝側邊伸出手臂，順暢地把菜餚放上桌。只要經過訓練，這兩種上菜方式不論男女都能做到，所以不是百分之百有此區別，但的確看得出大致傾向。

動作舉止的差異，也正是大腦認知的差異。

女性的舉止是流暢的單一動作，這對採取銳角方式「去了，回來」。這種兩段式動作的男性來說，相當難以辨認。

說「不細心」是冤枉了老公

換句話說，雖然老婆的行爲舉止，透過視網膜進入了老公的大腦，但對他來說，就像風景一樣有看等於沒看。即使目睹眼前老婆在換尿布的情景，他也無法認知到「小孩恰巧翻了個身，老婆正因爲拿不到擦屁股用的濕紙巾而煩惱」。

就像坐在咖啡廳看著外頭來來往往的車輛般，即使映入眼簾，你也不會認知到某台車現在變換了車道，對吧？這是同樣道理。

並不是因爲他沒興趣，而是因爲行爲舉止不同。

另外補充一下，對採取單一動作的女性來說，採取兩段式動作的男性舉止倒是很簡單易懂。正因爲老婆總是能看出老公的舉動並出手協助，但老公卻無法做到，所以才更會讓老婆覺得老公不愛她、不細心。

因此，說「不細心」眞的是冤枉了老公。

如果他看不出來，你就直接明講吧！

如果拿不到濕紙巾，就說：「幫我拿一下濕紙巾。」要是希望他早點去倒垃圾的話，別說出：「今天要倒垃圾，對吧！好像會下雨吔！」這種彷彿猜謎般的話。請直截了當地說：「好像要下雨了，你趕快先去倒垃圾吧！」別嘟嘟囔囔地碎唸「那個怎樣，這個又怎樣」，而是表明「我心情不好，講一句溫柔的話來聽聽」。

他沒能主動察覺妳就滿懷怨恨，他不夠細心妳就失望嘆氣，別再這樣浪費時間了。不過，若是年輕的太太，有時這樣還蠻可愛的就是了。

重點在於大肆宣傳

基於同樣理由，老公對家務也是見樹不見林。

假設老公對家務的認知只有老婆的三分之一，那麼誇口說自己「負擔了一半家務」的老公，其實只做了老婆所認知的六分之一。當然，老公並無惡意。

就拿倒垃圾這件事來說，我們都是先進行了幾個步驟，才整理出一袋要倒的垃圾。我在《老婆使用說明書》裡便針對「倒垃圾」這項任務，從準備垃圾桶到準備垃圾袋、分類垃圾、綁緊袋口、確認袋子沒破等，列出了多達10個步驟。

結果有一位熟男這樣告訴我：「黑川老師您曾在書裡寫說倒垃圾有很多步驟，對吧？這件事讓我大吃一驚。就在昨天，星期日，當我在2樓休息時，聽到樓下傳來吸塵器的聲音，突然想到我老婆竟然完成了那麼多的步驟，又還如此仔細地吸地板，就覺得自己真的好愛好愛她。這樣的感覺連我自己都嚇一大跳。」

再次證明，瞭解實情真的很重要。

我自己偶爾會大肆宣傳，直接向老公說明我要做的事。例如：「今天我會把衣服放下去洗，接著洗米煮飯，趁著空檔寫一篇短文後，做親子丼、沖澡，再去購物。喔，對了，出門前還會先把報紙捆好。」然後每次付諸行動時，就通知他：「我現在要去○○了。」做完了再回報「○○完成囉！」總是輕鬆愉快，毫無壓力地。

我老公都會回應：「好喔！」有時還會稍微幫點忙。就算我開口叫他「幫忙晾一下衣服」或「把舊報紙拿去丟」，他也都會爽快地回答：「好喔！」

若妳什麼都不說，就只是靜靜地做著這些家務，那麼當妳對他說：「幫我把這個拿出去丟。」時，他的回應可能就會是「吼——」或「等一下啦！」。

要知道宣傳的效果，可是非常好的。

藉由指派家務重新愛上老公

對於看不見整體家務的老公，「自然而然地看著辦」正是爭執的來源。家務分擔還是要明確劃分比較好。

以我家為例，浴室除霉、煮蕎麥麵、煮義大利麵、種植香草、擦窗戶、倒垃圾、洗碗盤等，這些都是我家老公的責任範圍。只要依據「老公能幫我做這些，我每天就會輕鬆很多」的標準來挑選即可。

例如：「睡前先把米洗好放進電鍋」這類家務，對於晚上忙著替小孩洗澡，還要準備隔天的游泳用品的主婦來說，實在很容易忘記。等到鑽進被子後才「啊！」地想起，只好又爬起來洗米，其實是相當有壓力的。因此，就算老公只負責做這件事，想必也會很有幫助。不過，還是要常備一些冷凍白飯，以防萬一他不慎忘記。畢竟下屬的一時不慎，應該要在上司的意料之內才行。

一旦讓老公負責「眞的很有幫助的任務」，老公的存在價值便會提升。所以請務必精挑細選後，試著拜託老公協助部分家務。

而在拜託老公前，若能先做個幾次前述的大肆宣傳會更好。讓他先瞭解老婆從早到晚做了這些又做了那些，接著應該就能夠聽得進「只要洗米煮飯這件事幫我做一下，我就得救了。麻煩你！」這樣的委託。

有個朋友告訴我，她選擇「指派老公負責管理庫存」。一般來說，各種調味料、咖啡、紅茶、茶葉、牛奶、各種清潔劑、廁所衛生紙、面紙……等等認眞算起來多達幾十項的家庭庫存，通常都是靠老婆的直覺在管理。

雖然女性腦光靠直覺就幾乎能應付得來實在很厲害，但偶爾也是會發生蕃茄醬沒了、調味醬不小心多囤了兩瓶之類的意外。

據說那位朋友的老公在接獲指派後，便引進庫存管理App，將廚房置物架整理得有條有理，還替各個抽屜貼上標籤，管理得十分完善。老婆去購物時，只要打開庫存管理App，便能清楚看見應買清單，而已購入的就勾選起來，這樣就不會發生老公也重複購買的問題。她笑著說，這讓我對老公另眼相待。

每個老婆應該都有自己的家務壓力，請把其中「最具分擔效果的任務」指派給老公，好讓自己重新愛上他。

第3章

如何讓惡劣的老公變得「溫柔體貼」？

即使能夠展開對話，也還是有些問題無法解決。

因此在本章中，我們要再深入探討一些夫妻間的溝通細節。

的確，這世上存在有邪惡的腦。在前一章我曾說過「這世上不存在沒用的腦」，但不幸的是，邪惡的腦倒是確實存在。

就是那些藉由貶低他人，來肯定自己存在價值的人們，打從骨子裡來的壞心眼。過度在意輸贏，對他人態度粗暴無禮。以言語傷人，散佈不當資訊來打亂人際關係。

人腦生來就會對互動感到興奮，這是爲了要感知外界以妥善生存的關係。當自己的存在或行爲對其他人事物（可以是人、事物，也可以是團體組織）造成某些影響，進而帶來某些反應，人便會感到愉快。

當然，雖說對正向的影響力（崇拜、幸福）感到開心是很自然的，但也有人會因負向的影響力（恐懼、混亂）而產生快感。

這種腦也是有它的好處。由於不敏感，因此不畏逆境，骯髒的工作也不嫌棄，堅韌又強而有力。

儘管我的研究並未探討到爲何會有這種現象，不過，我能理解那樣的大腦對人類的發展來說，確實有其必要。而所出現的多於必要，就是目前生態系統的實際狀況。

這樣的腦對社會而言或許必不可少，但對父母、小孩或是另一半來說就有點麻煩了。若只是小學生稍微作弄一下自己喜歡的對象還可以接受，一旦長大成人，邪惡便會成爲潛伏在「愛」的陰影下的毒針。

美其名是愛，卻不允許對方擁有自由；把對方的優點講得彷彿是缺點一樣；以「爲了你好」、「考量社會現實」爲由，剝奪對方擁有天眞浪漫的權力；爲了享受很酷的自我形象；炫耀自己的工作可是重要得多（「去托兒所接小孩？公司有重要的會要開，我沒辦法。」）等。若這些都還不足以令他興奮，他甚至會直接了當地傷害對方。

在該本人的腦袋裡，想必這是「專一的愛」，是「我很厲害的證明」，但這些卻會一點一滴地腐蝕著另一半的心。

如何與負向互動相處？

如果妳的另一半是這種人，希望妳要好好思考該怎麼保護自己。

若妳覺得自己喜歡他的強悍或那種扭曲感（有時會成爲一種性吸引力），覺得他的經濟能力對家庭來說必不可少的話，那就只能一邊保護自己，一邊睜一隻眼閉一隻眼地忍過去。但要知道這條路其實並不輕鬆。

基本上，此書是在相信「老公性本善」的前提下所寫。雖然對邪惡腦的老公使出本書介紹的招數也可能產生效果，但有時卻也可能得到令人髮指的邪惡反應。請務必小心那樣的反作用力，畢竟一旦認真了就可能受傷，別忘了要秉持著「實驗」的心態進行。

當身邊有個喜歡負向互動的大腦時，直接替他烙印上「這個人很壞」，應該是比較輕鬆的做法。

別相信什麼「總有一天我們能夠相互理解」這種事，不然女性腦就會因無法與所愛的人好好溝通，而降低對自己的評價。最後終究會心灰意冷，人生的道路就變得更加險峻。

無法發揮直覺，不論工作還是家人的人生都將不斷地走下坡。

這個對象有可能是老公，也有可能是自己的母親。像這樣確實認知到是誰讓妳心寒，人生會變得自由很多。只要認清現實，有所覺悟，然後好好研究該怎麼對待這個人就行。

這時要以不求相互理解、不求豐富對話，也不求溫柔同理，只求平安無事地度過每一天爲著眼點來思考。

妳越是正確，對方就越會想盡一切辦法要贏過妳。如果贏不了，就會開始策劃著要傷害妳。一旦以誰對誰錯的方式討論，就只會有悲慘的結局。

有人曾跟我說，每次他們夫妻倆意見分歧時，她老公就會說：「妳眞的很笨吔！怎麼講妳都聽不懂，算了！」聽得我好氣，氣到都想叫她把那傢伙給我帶過來了（怒）。

那位太太是個能夠冷靜理性地說明事情的人，似乎沒什麼理由可以說她笨。基本上，當這個老公搬出「笨」這麼惡劣的用詞時，應該就是他的大腦在採取「既然沒勝算，就用假動作（傷害對方）來取勝」的策略。眞卑鄙！

若要跟這樣的老公一起生活，就別堅持要意見一致。當兩人意見不同時，就用「你說的確實有道理」這類說法給對方面子。能夠讓的地方就讓；不能讓的地方，就只能以「我盡力了，但就是沒辦法」的方式，予以忽略。

夫妻並無必要總是意見一致，別用意見的一致與否來衡量彼此的愛。

太怕輸以致於堅持非贏不可

若遇到無論如何都想說服對方的情況，於論述時，請一定要避免指出對方的缺點。像「你說的這點根本行不通」這種話，就最好不要說。

例如：當對方說：「我們去吃日式燒肉吧！」而妳回答：「那個對胃又不好，我不喜歡。而且我這幾天因爲太熱有點倦怠乏力……」的話，肯定會把對方惹毛。但若是採取「嗯——」之類含糊不明的態度，也一樣會成爲讓對方惱火的原因。

先回應「燒肉啊，感覺不錯吔！」給了對方面子後，再試著撒嬌說：欸，吃歐姆蛋不行嗎？」若能再補上一句「最近我們都走高卡路里路線，今天想要健康一點，而且這樣也比較不傷荷包嘛！」那就完美了。

一旦採取「是爲了你才提出另一個建議」的講法，就更不容易吵起來了。

這種類型的人，其大腦恐怕是對「被否定」這件事過敏，非常怕輸。當自己說了要吃燒肉，一旦對方回應的態度是「怎麼會選這種東西」的話，由於怕輸，就容易被非贏不可的情緒給點燃了怒火。

這時若能善意地姑且先表示接受，接著再回應說：「也還有這種選擇。」那麼勝負就會變得含糊不明，也較不容易啓動壞心眼模式。甚至藉由「針對你特別提出還不錯的建議」這種姿態，或許還能讓對方覺得贏的是自己，於是便欣然接受不同的建議。

總之，表面上要讓對方贏，我想「講究面子」大概就是指這個吧。

若妳有個壞心眼的老公，請務必一試。只要妳自己想開了，這種很在意輸贏、似乎「精神年齡還停留在小學生階段」的老公，意外地還挺容易掌控的。

反之，我們做太太的人，或許也該好好捫心自問一次，自己是否有這種傾向——很怕輸，且對自己說出口的話過度堅持。

老實說，我自己偶爾也會這樣。冷靜想想，明明選哪邊都行，但對於「我說黑，老公卻說白」這點，無論如何都覺得生氣，於是就彆扭了起來。

越是想證實對方的愛時，這種情況似乎就越常發生。有時候，負向互動也是一種愛的「溫馨提醒」。

正因為找他「商量」，所以會被「拒絕」

即使不是壞心眼老公，一旦跟老公商量說：「我想去工作！」、「我想讓小孩去補習！」等，多半都會被打槍。這是因爲危機意識強烈的男性腦（由於即時的危機迴避能力較低，故厭惡變化），只要沒出問題（沒錢吃飯、小孩跟不上學校的課業進度），就會希望維持現狀。

所以，我本人幾乎從不跟老公商量。

就連離職創業時，也只有跟他報告說：「下下個月我要把工作辭掉去創業了。」當然，我也有強調這個選擇的好處（可陪伴年幼的兒子，且做家事的時間增多），並說明了我的財務計畫。只是沒問他：「你覺得呢？」因爲一旦這麼問，必定會得到負面回應。畢竟謹慎型的他，在我們家是負責踩煞車的那個人，而這個時候我並不想踩煞車。

向老公提出建議時，不論事情多小，都絕不使用負面理由。若說是「因爲很討厭現在的公司所以待不下去。」他一定會試圖解決該問題而咬住不放。所以只能帶著微笑解釋：「因創業熱潮的關係，眼看是募得到資金。現在正是好機會，所以我要試試。」

當然，對於創業一事，我當時也很擔心。但若是向老公傾訴那些憂慮，他必定會強硬地大踩煞車。因此，我的憂慮只能靠自己克服。

別期望由老公來替你緩解焦慮

忘了是何時，我曾在某個報社的採訪中被問到：「黑川小姐您算是主婦創業的例子，而這世上無法獲得先生的協助，儘管很想出去工作也無法如願以償的主婦很多，是否能請你給這些主婦一些建議呢？」

妳是不是想先確保能獲得「老公的協助」？是不是希望自己的焦慮不

安能由老公來幫忙消除？——千萬不要有這種期望，這就是我的建議。

若妳找老公商量：「我覺得該是時候了，我想出去工作。」是希望能獲得對方「我會幫忙做家事，每週也會選兩天負責去托兒所接小孩，別擔心。妳就放心去挑戰自己想做的事吧！」這樣溫柔回應的話，那就太天真了。

老公們在社會上工作也是很拼命的，能夠說得出「家裡的事都能做好的話，我不反對你出去工作」這番話算是很了不起。

想要工作的話，就要理所當然地去工作，除此之外別無它法。所以妳只需要宣告：「從今年春天起，我就要回職場，無論如何我都會想辦法找到托兒所。」

雖說「去托兒所接送小孩」或是「分擔家務」等部分，若能事先獲得老公的承諾，老婆的焦慮不安想必就能得到紓解，但老公的焦慮卻會被無限放大。

在放大對未來的焦慮方面，男性腦的能力較高。

就算不取得承諾，兩人畢竟是在同一條船上，家人若是遇到麻煩而慌亂，終究是會出手幫忙，男人也是會有心理準備的。因此，當對方說：「家裡的事都能做好的話，我不反對妳出去工作。」時，請爽朗地回應：「我會做好！」。

泣訴的時候要列舉自己從早到晚做了哪些事

就算事後被責怪：「妳不是答應了會做好家裡的事嗎？」也不需反省

什麼。要不予以忽略，要不就回嘴說：「我有做好啊！」再不然就哭給他看。

例如：我就會泣訴說：「我一早要準備去托兒所的東西、做早飯，然後一邊哄著那個鬧脾氣的孩子一邊帶他去托兒所，自己再去上班，午飯也沒吃一直忙到下班，又去托兒所接小孩，接到後繞去超市一趟，回到家除了做飯外，還趁著做飯的空檔把衣服放進洗衣機洗。喔對了，在那之前還要先替你的白襯衫噴一下衣領清潔劑，接著餵小孩吃飯、幫小孩洗澡、念故事書給他聽……其實我也很想替家人做更多，我也想把房間打掃得很乾淨，可是一天就只有24小時，怎麼可能做到嘛？嗚嗚嗚……」

像這種「列舉自己從早到晚做了哪些事」的方法相當有效。就如第2章也曾提到過的，男性無法認知女性的行爲舉止，故老公並不知道老婆有多麼地奮力付出。

還記得當年新婚不久的我，某天在洗碗時一想到「爲什麼都是我在做？」便不禁悲從中來。一早起床就要做早餐，還要做兩個人的便當，兩個人都去上班，都工作一整天後回到家，卻只有我連坐下來喘口氣的時間也沒有，繼續忙著洗衣服、做菜，而老公卻只是悠哉地坐著看電視。

於是我便蹲下大哭，邊哭邊把從自己早到晚做的事全都一一列出，還跟他說：「其實我全都想爲你做好，但已經累到連碗都沒辦法洗了，我真的好難過……」於是我老公就說：「洗碗這種事我可以做啊！」。自此之後，「洗碗」便成了他的責任範圍，而他的這份使命感，至今已過了35年，都未曾消退。

只做正向的提議

女人要有覺悟。對於老公能夠幫自己消除焦慮這點，我連一丁點兒的期望都沒有。

要對老公做任何提議時，不管再怎麼小的事，也絕不使用負面理由，永遠只做正向的提議。

就連希望老公代替我去參加兒子托兒所的遠足活動時，我也不說是因爲自己沒空參加，而是說：「你今年要不要去參加托兒所的遠足試試？這種活動等小孩大了，你想去也沒得去。而且去了也能瞭解他平常跟朋友們的互動情形。」亦即以出讓權利的形式來提議。

那時他要是拒絕，我可能就必須坦承，其實是逼不得已而必須請他代爲參加。但我老公是那種就算我「有身爲老闆責無旁貸、關係著公司命運的外部簡報要做」，依舊滿不在乎地以自己的「常態例會」爲優先的人，所以一旦從「不去」開始講起，幾乎就百分之百不會翻盤了。

那時老公若是拒絕，我是打算犧牲公司而選兒子。不知是不是他感受到了如此的必死決心，又或者其實他是想體驗一下，在托兒所年輕老師們的簇擁下乘坐巴士出遊的感覺；總之，當時他是欣然接受了參加遠足的提議，我們公司便因此躲過一場危機。

而對於媽媽和婆婆，基本上也是要用正向提議才有效。

即使她們說：「這麼小就要去托兒所，好可憐喔！」也不必退縮，只要開朗地回應：「媽，有個專家黑川伊保子說，在托兒所裡有不同年紀的小孩一起相處，才是一種最好的英才教育呢。說是成長過程中有機會觀察運動能力比自己好的哥哥姐姐們的動作，有利於小孩本身的發展。」就行了。

婆婆比老公更堅強可靠

若能讓婆婆站在妳這邊，她就會是妳最強而有力的女性朋友。

我當年很早就打算重回職場，所以產後第二個月便搬進了老公的爸媽家。正確來說是投靠了夫家，棲身於婆婆的羽翼之下，俯首稱臣地「一切以婆婆爲依歸」。不論做什麼，只有婆婆的意見我一定尊重。而我婆婆則是以「現代的育兒方式我不懂」爲由，凡事都會先問過我的意思。我的育兒過程是和婆婆合作進行，故其實相當無力。

婆婆一開始是拒絕讓孫子進托兒所的，她說這樣孫子很可憐。但自從我兒子學會走路後，某天婆婆就突然跟我們說：「去申請托兒所吧！」還親自去附近的托兒所參觀了好幾次。據說是因爲看著孩子們在操場上玩耍的樣子，覺得「我沒辦法那樣陪他玩。現在的托兒所都很乾淨整潔，感覺很好玩。」才改變了主意。

婆婆不是妳的敵人，乾脆投入其懷抱也是個不錯的辦法。妳可以說：「媽，跟我一起去參觀托兒所好不好？畢竟我一個人看或許有些事情不會注意到呢。」一開始就把她一起拖下水。夢想和憂慮，也都可以試著講給婆婆聽，因爲婆婆可是比老公更堅強可靠得多。

別對老公宣洩自己的焦慮。要知道，一旦老婆想要開始做些什麼，老公便會成爲焦慮放大器。

反正事情實際開始進行了，老公也不可能對進退兩難而不知如何是好的家人不聞不問。若眞是個會視而不見、冷眼旁觀的無情老公，那麼，遲早也是該徹底拋棄。

我曾有一段時間是把自己想成單親媽媽，並把老公想成「一個不知爲何在協助我養小孩的朋友」，因爲這樣才能夠毫不猶豫地變得獨立自主。而且一旦自認是單親媽媽，就會開始覺得老公幫了很多忙（微笑）。

對於不出手幫忙，也不開口的老公，這種幻想情境或許還算不賴。

以有趣的口號取代埋怨

即使是在說明自己的想法時，女性也往往不知不覺地就會以「埋怨」起頭。

這主要是希望對方能瞭解自己「悲慘的現狀」以及「難過的心情」的關係。但當對象是老公時，會造成反效果。

因此，還是要從「結論」講起，才能讓老公能順利理解。

話雖如此，但像「我今天不想做飯，我只想發懶。」這種話，認眞的主婦實在是很難說得出口。然而，對於難以啓齒的話，我總會想個有趣的口號來表達。

例如：我會宣告：「爲了全家人的幸福，今天呢，老媽子我，不做飯。」要是被問到「什麼意思？」我就會坦白說：「我今天好累，要是現在做飯，一定會越弄越焦躁，然後就大發脾氣。」於是老公和兒子便會像發現爆裂物般地馬上後退，然後自己想辦法解決吃飯問題。

一旦以牢騷或抱怨的形式表達，對方必定會回嘴說：「辛苦的又不是只有妳。」、「我也很忙啊！」結果還是無法達到自己想要的效果。運用正向的提議與開朗有趣的口號，要點心機來達成自己的目的。

其實「裝柔弱，猛撒嬌」的方式，也是有效的。像是不時說些：「這個人家解不開啦～」、「好痛喔～來幫我一下嘛！」之類的話，男女之情才會多少有所交流。只不過這種招數用多了，很容易被看扁，重要的提議就無法通過，女人必須要有覺悟才行。

例如：正在寫稿的我，前方2公尺處便是抓著自己打結髮尾的媳婦，若她現在對著她老公，也就是我兒子，說出這類撒嬌台詞，想必我兒子會飛奔而來，細心地幫她解開，然後兩人相擁而吻（微笑）。

我這個人覺悟得太徹底，很缺乏這部分的表現，所以也是有稍做反省。就算比老公堅強可靠100倍，想必偶爾還是要嬌弱地來句「人家不會啦～」才是正解。

擅自把老婆與自己一體化的老公

老公總在無意間把老婆當成自己的媽或手下來使喚這點，其實是有明確理由的。

男性腦的身體延伸感覺很強，把車子或工具等當成自己身體一部分的感受十分鮮明。輪胎壓到小石子時，會有自己的腳踩到石頭般的眞實感；而車尾就像自己的牛仔褲後口袋般感覺貼身，扳手和刀子等工具也是如此。故他們對於機械操作不太會猶豫遲疑，眞的是相當擅長。

小男孩們一邊盯著玩具車一邊「ㄅㄨ——ㄅㄨ——」地推著車前進（有時玩一整天都玩不膩）、沉迷於工程車等，也都是身體延伸感覺所造就的結果。他們的大腦熱愛具有機關的機械構造，而獲得「具有機關的機械構造（機器或工具）」，正是其大腦的渴望。

我年輕時曾對西蒙．波娃女士*所說的：「女人不是天生的，是後天形成的。」感到印象深刻。然而，當自己養大了個男孩後，不得不覺得「天生的性別差異確實存在」。我幾乎不曾看過有哪個女孩子會一整天一直盯著汽車玩具、看火車看得入迷而離不開平交道，但男孩子卻多半都著迷於電車或汽車。

身體的延伸感覺較強的男性腦，也會以這種方式來感覺自己的老婆，彷彿老婆是自己身體的一部分。因此，對於老婆，他們不讚美也不道謝。就像人並不會對自己的手臂說：「幹得好！」也不會對自己的心臟說：「謝謝你每天都這麼辛苦。」

不過相對地，若是老婆先自己而去，則在失去身體一部分的震驚之下，男人便會衰弱。一個不表示感謝也從不稱許老婆的男人，一旦遭遇老婆先行離世的狀況，往往會嚴重衰弱，很快就隨老婆而去。

由此看來，溫柔體貼的老公和默默追隨老婆的老公，意外地或許後者的愛更爲強烈也說不定呢。

＊注解：西蒙・波娃（Simone de Beauvoir）法國存在主義作家，七〇年代女權運動創始人之一。

越是能幹的老婆，越容易被呼來喚去

尤其反應好、總是聽話又配合的老婆，就跟優秀的工具一樣，更是特別危險。

因為老公的大腦一直深信老婆是「優秀的工具」，一旦碰到沒能發揮其優秀作用的時候，老公就會生氣。當妳一向覺得很鋒利的剪刀，今天突然不鋒利了，妳一定會生氣的，對吧？這是同樣道理。

老公一開口說：「茶呢？」便會迅速端出好茶的老婆，一旦變得不聽話時，老公的憤怒就越是強烈。反而明明平常根本不泡茶的老婆，若是難得泡個茶，卻能獲得老公的感謝。

妳或許會覺得這很不合理，可惜就大腦的認知而言，就是會這樣。

我在以男性爲目標讀者的書中提醒過男性同胞們，別把老婆當工具，別以簡短的詞彙「茶呢？」、「洗澡！」等來命令老婆。

當我把這段話說給50幾歲的義大利男性（我的義大利文老師）聽時，他歪著頭顯得一臉困惑。並不是我的義大利文不好，而是他無法理解。

不久，我終於瞭解他的疑惑何在。因爲在義大利，就連對咖啡廳的店員也不會這樣講話，至少會說「Un caffé, per favore.（請給我一杯咖啡）」。而且在義大利家庭裡，咖啡是由男性來煮。他笑著說，要是對義大利女性說這種話，對方只會有兩種回應，「我也要」或者「我現在不想喝」。此外，在義大利，老公不會用「喂」來叫老婆，更何況從遠處叫老婆是絕對不會過來的。他還說：「襪子？（這時不知爲何他突然大笑）襪子脫了亂丟或是找不到襪子這種事，在義大利是只有bambino（小男孩）才會做的事。」

亞洲男人實在是太倚賴老婆了。不過，縱容老公的老婆們，也不能說是完全無辜就是了。

別扮演太好的妻子

對方一開口說：「茶呢？」就迅速端出茶來、對方一叫名字就立刻跑過去、對方一說：「襪子。」5秒就拿出襪子給他，這樣的做法並不恰當。

扮演好妻子若只是成爲「好工具」的話，妳將永遠無法擺脫「工具人」的命運。

現在也許還來得及。當老公說「茶呢？」請試著裝傻說：「我也要！」不過，如果妳多年來一直都是「優秀的工具」，這樣的回話也可能會讓老公過度震驚而有爆怒的危險。故或許可以試著撒嬌說：「我也想喝喝看妳泡的茶吔！聽說男人親手泡的茶比較好喝。」

如果是熟齡夫妻，也可以試著假裝沒聽到。要是對方說：「妳是聽不到我講話喔？」可以試著用沮喪的口氣回答：「我該不會是聽力變差了吧？可能連耳朵都不行了。」

只要對方不會從遠處叫妳，或以簡短的詞彙命令妳，「工具」感多少就會比較淡，甚至漸漸會開始表示感謝及稱許也說不定。

前陣子，有人告訴我：「我家老公每次出門前一刻，總會問○○在哪裡？沒有○○嗎？這點眞的讓我壓力很大。」令我忍不住覺得這位太太眞的是太能幹了。

我家老公總是自己就能準備得很完美，因爲我幾乎幫不上什麼忙。

當他問我：「○○在哪裡？」時，我有好幾次都慌張地回應：「欸？○○？在哪裡來著？唉呀，我不知道吔。怎麼辦！糟糕，我該不會痴呆了！」於是後來他就再也不指望我了。

我們家媳婦是我們家的首席搜尋官（對於每個人的「那個在哪裡？」需求，都能精準找出的天才），也是旅行前準備工作做得很完美的那種類型，我兒子可說是完全靠她打理一切。但據說今年夏天他們倆休假去了一趟摩托車之旅，沒想到媳婦竟然忘了替我兒子帶換洗衣物，只帶了自己的衣物。在大太陽下騎了一整天摩托車，好不容易到達住宿處才發現無內褲可換的兒子，當時的沮喪程度之大，讓他徹底下定決心「以後都要自己準備」。

當我感嘆：「竟然連妳這種完美準備狂都會發生這種事？」，媳婦便一臉困惑地回應說：「我自己也覺得好詭異。」不過，結果是好的，畢竟一直以來我不知對兒子講了多少次，自己的事情要自己做，只是他都聽不進去（至少講了20年之久），這次事件算是成功地給了他一次教訓。

別在不知不覺中成了老公的「優秀工具」，太優秀的老婆偶爾也要裝個傻、表現得驚慌失措一下，但就是不要成爲完美的老婆。

展現自己的弱點，並相互依賴

先前我提過，大腦天生就會對互動感到興奮。當自己的存在或行爲，對其他人事物（人、事物，也可以是團體組織）造成某些影響，進而帶來某些反應，人便會感到愉快。

因此，對於沒有自己也能活得下去的對象，人是無法一直深愛下去的。

請想像一下，如果老公跟妳說：「妳偶爾可以出門走走沒關係的，我會照顧小孩，也會把家事做好。」結果出個門回來後發現，家裡整理得非常乾淨整齊，小孩不挑食地好好吃完飯也洗完澡，一身乾乾淨淨地睡得安穩香甜，而老公則輕鬆悠閒地喝著咖啡。妳眞的會感到開心嗎？難道不會覺得有點疏離感？

家裡雜亂無章、廚房一片凌亂、父子倆一見到妳就立刻抱住說：「妳終於回來了！」、「馬麻～」這時即使生氣地覺得「啊，是怎樣啦！」卻也能實實在在地感受到對家人的愛。

要展現自己的弱點，並相互依賴。家人之間的羈絆，終究歸結於此。

所以我認爲，專業主婦是最強的。正因爲把自己的人生完整託付給老公，故對男性而言，應該沒有比這更強烈的互動了。

但如果過度追求完美的主婦形象而成了優秀工具，導致老公無法感受到「老婆沒有我就活不下去」，這並非上策。

而職業婦女也必須小心，一旦把家事當成「責任義務」來分擔，兩人就會變成單純的工作夥伴。請試著稍微運用一下「早上不喝一杯妳煮的咖啡，我開會就無法順利。」之類的撒嬌技巧。

愛要用「讓對方協助」來贏得

明明男女平權，卻要求老婆對老公倚賴、撒嬌，這是什麼道理？女權主義者或許會如此批評。

其實我也同樣告訴男性，要對自己愛的人倚賴、撒嬌。男人也必須展現弱點才行。

我常對男性同胞們說：「請想像自己成了鹹蛋超人（Ultraman）的老婆時的情況。」

鹹蛋超人這個老公，要冒著生命危險，到距離幾萬光年的遙遠宇宙，去拯救不知名星球上的小朋友。雖然身爲老婆並不知道老公爲什麼必須這麼做，但他說這是男人的使命，老婆也只好送他出門。那是一趟前往地球的三個月單身外派任務，對此，老婆並不會感到絕望。

老婆之所以對鹹蛋超人感到絕望，是因爲鹹蛋超人永遠不讓她看見自己的弱點。偶爾回家，也只是默默地吃完飯又出去，這樣身爲老婆的自己根本沒有存在這裡的理由，應該會有一種彷彿被他的人生給放棄掉的感覺。

鹹蛋超人必須要對老婆訴苦才行，就說些像是「今天我這裡被傑頓

（鹹蛋超人的宿敵）踢到，痛死我了！」之類的話，撒個嬌也可。「你還好吧？阿蛋，我幫你吹吹，不痛不痛！」、「謝謝，多虧有妳，我才能繼續戰鬥下去。」

若能像這樣進行心靈上的溝通交流，對老婆而言，老公就會逐漸成爲無法取代的人物。

其實比起獲得，給予更能夠強化愛的程度。孩子之所以無法取代，是因爲妳賦予他生命、供他吃食，並持續照顧他的關係。貓咪之所以可愛，也是因爲要費心照料的關係。

所以，老公的愛也必須藉由讓他協助來贏得。

不只是老公，小孩也一樣。做母親的也可以跟小孩訴苦，只要記得展現自己獲得鼓勵後，繼續努力的樣子即可。

「我好討厭寫分析報告喔！但你親我一下的話，我可能就有力氣寫了」、「我必須要命名，但卻一個名字都想不出來。你來說幾個以『ㄅ』起頭的字試試」、「這種時候，男生會有什麼感覺啊？」我家兒子對於我的無厘頭行爲，眞的是非常配合，而且我越是倚賴他，他就越愛我。

不要太努力，要爲對方付出，也要讓對方爲妳付出。

爲對方付出是爲了感受到「因爲有我，所以這個人能夠生存」；而讓對方爲自己付出，則是爲了讓對方感受到「因爲有我，所以這個人能夠生存」。

沒有什麼比「因爲有我」的感受，更能增加人的自我肯定，請把這種感覺也送給妳的家人吧！

小心罹患「什麼都想幫他做」病

爲對方付出的感覺是很棒的，能夠讓人自我肯定，所以女人有時會罹患「什麼都想幫他做」這種病。

之所以費盡心思將老公培養成「老婆若不在，就連內褲也找不到，茶也不會泡」的狀態，不就是因爲這樣能夠得到自我肯定，感到滿足嗎？

雖說這種狀態也有一些是在老公的主動期望下才得以形成，但我認爲由老婆助長而成的例子也不少。

畢竟我自己剛新婚不久時，也有一段期間甚至連襪子都想幫老公穿好，所以我很能理解那種感覺。幸好我不是那種能幹到可以成爲「完美老婆」而寵壞老公的主婦，再加上我也沒什麼時間，所以有適可而止。

話雖如此，但今年春天當我請已達退休年齡的老公「幫我把飯煮下去」時，他還是問我：「要放多少水啊？放在這兒就行了，對吧？什麼時候要按下煮飯鈕啊？」著實讓我大爲傻眼。都是因爲這台具煮飯功能的瓦斯爐來到我們家已有12年之久，我卻從沒讓他煮過飯的關係。

若妳是即將展開婚姻生活的人妻，請務必牢記這點。不知不覺地做得太過頭，很可能會剝奪了老公或孩子在家中的自我肯定感。在新婚的激昂情緒中，還是要有所自制，並努力地倚賴老公比較好。

此外，當妳對老公感到火大時，越是能幹的女人，就越容易覺得「我自己做就好，什麼都不幫我做也沒關係。」但這決不是正確的策略。

正因爲老公什麼都不幫忙做，令妳覺得家裡沒有愛，才更要發動「讓對方爲妳付出」戰術。就是因爲太少「讓對方爲妳付出」，才會造就「懶惰、無情的老公」。

對無情老公的再進一步溫柔敦促，正是女人的堅持，也是夫妻緣分的分界點。

沒有你，我就活不下去

明確地將自己做不到的事情整個丟給老公，藉此表達「沒有你，我就活不下去」也很重要。像是蕎麥麵煮不好、不會預約錄影、不會路邊停車等，只要像這類「小事」就可以。

以我們家來說，過去一直都是「不會換燈泡」這件事。笨拙的我很不擅長轉螺帽，就連果醬瓶的蓋子都常常無法正確旋入蓋好，更別說是要朝著上方旋轉燈泡了，我無論如何都辦不到。

因此，廁所的燈泡若是壞了，我就得一直等到老公回家才能處理。原本「我要是不在了，你怎麼辦啊？」、「所以你要長命百歲啊！」是我倆的夫妻情趣，卻沒想到不久之後就進入了LED時代。前一次換上的燈泡，算起來差不多撐了有20年吧。接下來，已經是老公先掛掉，還是燈泡先掛掉的問題了。

於是，只好分散到其他事情上，像是煮蕎麥麵、煮咖啡、浴室除霉、燙衣服等都是他的看家本領；修補破損碗盤的金繼（金繕）技術更是不輸專業。少了陽台上由他一手種植的各類香草，我便做不出菜來；他不在家我就無法預約錄影；要穿和服時更是不能沒有他。

原本是爲了戰術而開始的「沒有你，我就活不下去」，現在我卻已是深信不疑，他眞的無可替代了。

夫妻間的「無可替代」，始於雞毛蒜皮

「無可替代」這四個字既深切又沉重，是生命的重量。

孩子對父母而言的無可替代，不需要任何條件，光是其存在本身就無可替代。若能阻止兒子發生不幸，就算現在立刻付出自己的生命也沒問題。即使從我第一次將他抱在懷裡的那一天起，至今已過了28年，這樣的感覺也從未有過一絲動搖。

在戀愛的過程中，有一段時期男女之間也會出現這種「無可替代的存在感」。但夫妻之間的這種感覺若是放著不管，就會枯萎消逝。它如植物般需要妥善培育，要以平日的讚美與協助來灌溉。

要倚賴對方，也讓對方依賴。

「無可替代」雖然沉重，但其維持關鍵，卻是日常生活中的雞毛蒜皮、非常輕微的小事。正因如此，夫妻關係才會這麼困難。

或許有人會覺得，就因爲煮了好喝的咖啡給老婆，老公就顯得無可替代，未免也把老公這個角色看得太隨便了吧？

但老公默默地替忙得驚慌失措的自己煮咖啡的那份心意，確實是無可替代。在準備長時間出差的早晨，老公以現煮咖啡爲我送行的那份心意，也是無可替代。即使沒說：「妳不在我會很寂寞。」也沒講：「加油喔！」但那杯他端出來的咖啡，卻能在背後溫柔地支持著我。

說不出甜言蜜語的男人，就以此傳達其溫柔心意，而這也正是老婆所獻上的「沒有你，我就活不下去」。

因此，稍微表現得笨拙一點、軟弱一些，或許也挺好的。

出門時來個愛的抱抱

這是發生在我們夫妻倆接近50幾、快60歲時的事情。

某天，我突然意識到「說起來，我似乎有好一陣子沒碰我老公了。」腦中閃過一絲念頭覺得這樣似乎不太妙？再這樣下去，一旦我再也無法接觸他的身體，等到要開始照護他時，肯定會覺得很噁心，所以我得要養成碰觸他的習慣才行。

於是，我決定在送他出門上班時，要來個「愛的抱抱」。兩人輕輕擁抱彼此的身體，右臉頰貼緊。從很久以前開始，爲了讓兒子接受國際化的教育（爲了讓他在國外能表現得風度翩翩），我們母子一直都有擁抱的習慣，但老公一向被排除在外。再加上那陣子我剛好在學跳阿根廷探戈，經常都在抱來抱去，也是我做此決定的理由之一。

那些阿根廷老師們不論男女，都以親近的擁抱（交互觸碰左右臉頰的擁抱）來迎接我上課，也以親近的擁抱來結束課程。那樣的擁抱能給人一生一次的珍視感，真的很棒。每次都能讓我感受到「從遙遠的地球另一端來到這裡，很幸運地能夠遇見妳」的溫暖心意。

因此，我才決定每天早上傳達「能遇見你真好」之意的擁抱。

一開始我並沒有做得很開心，而老公也是態度消極。但當我說：「再這樣下去，將來我可能會沒辦法照護你喔！你一定不希望變成那樣吧？」他便乖乖照做了。最初抱得畏畏縮縮地好尷尬，但超過1百次時，就變得相當俐落大方，甚至從超過1千次起，就連在外頭兩人要分開去不同的地方（例如：在家電用品賣場，要分別去選購相機和電風扇）時，也能自然擁抱。

持續就是力量。從旁人看來，顯然是非常珍惜彼此的一對夫妻呢！

感情也可以從形式開始建立。一旦像這樣彼此碰觸，便會蕩漾起不同於碰觸前的親密感。

「看起來似乎是非常珍惜彼此的一對夫妻」，便會逐漸轉變成「確實非常珍惜彼此的夫妻」。不過，我們還處於發展階段就是了。

夫妻最好能養成一些接觸彼此身體的習慣。若覺得出門時來個愛的抱抱實在太害羞，那麼，握手也可以。

握手1萬次

不久前，我有幸與日本演員藤龍也先生對談。雖然外表看不出來，但據說藤先生已經70幾、近80歲，而大他6歲的太太更是已逼近85歲。

有一次，他突然好想跟太太近距離接觸一下，於是便輕輕地摸了一下太太的手臂，結果太太竟問說：「怎麼了？我手上沾到了什麼髒東西嗎？」據說他當時的回應：「嗯……是啊！」

「明明也沒有感情不好，沒想到到了這年紀，就連互相碰觸也需要有理由呢！」藤先生靦腆地笑著說。

還有一天，他回到家時發現太太正睡在沙發上，一股突如其來的憂慮，讓他特地確認了太太是否還有呼吸。也因爲如此，藤先生下定決心，每晚睡前都要握一下太太的手。

彼此都到了這個年齡，睡著時若是發生什麼事也一點兒都不奇怪，而若眞有什麼萬一，這睡前的一握或許就是最後一次。每天晚上的晚安之握，就這樣開始了。

藤先生告訴我說：「然後啊，她的手眞的很美。有很多老人的手血管會浮起來，但我就是覺得好美。就算眼前有一雙年輕女性如凝脂般柔軟白晰的手，我也不覺得有什麼好看的。我就愛她的手，有時甚至會感動得流下眼淚。」

這席話令我胸口一震，一時之間說不出話來。「老婆」的意義，在此達到極致。

各位讀者朋友，妳不需要等到80歲。即使從退休年齡（60歲）開始握，在90歲前便能握上1萬次。

握了1萬次的，在人生之中，難道還有比這更無可替代的對象嗎？

婚姻的真面目

就算不證明給對方看自己確實做得好，老婆的價值依舊不變。

對男人來說，老婆是獨一無二的存在，是不會拿來和其他女性相比的。就和媽媽是獨一無二的一樣，對小孩來說，媽媽再怎麼糟糕，也不會想換另一個女人來做自己的媽媽。

因此，對老公而言，老婆在成爲自己妻子的那一刻，就已是無可替代。而老公的這個想法，其實比老婆更爲堅定。正因如此，所以他們才會不明白「打點日常」的必要性，才會不關心老婆，還過得懶散悠哉。如此想來，天眞地喊著：「茶呢？」的老公，好像變得有點可愛。

在成爲老婆的那一刻，女人便獲得了某些確實可靠的東西。

雖然一直是「某人的女友」可說是女人的理想，但只以同一個男人爲對象時，老婆的身分和女朋友的身分是無法長期並存的。女人只能從中二選一，故對於老公，不論有否覺悟，終究都是選擇了前者。

不把老公放在戀愛的延長線上，而是將之視為家庭的元素之一。把戀愛的光輝，轉變為家人間的羈絆。家人的無可替代感，終將轉化為妳對老公的愛。既不甜蜜，也不閃耀，就只是誠摯而深切。這便是婚姻的眞面目，是只有夫妻才能擁有的時光。

別因強求不存在的東西，而讓好不容易到手的婚姻日漸腐敗，別用「溫柔體貼的話語」或「主動察覺並出手協助」來衡量愛的有無，重點在於要設法好好過生活。

所有婚姻肯定都是靠女人這樣的智慧與努力所支撐著，畢竟就如我在第1章裡寫的，天生的男女差異，可是試圖分離世間夫妻啊！

有多少人妻閱讀本書，就表示有多少努力仍在持續。而我自己其實也還在努力，戰戰兢兢地走在狹小的窄橋上。

偶爾會對老公感到厭煩至極的不是只有妳一個人，就讓我們一起努力變得幸福吧！

第4章

大腦其實就是這麼難搞的東西

在本章節中，我將介紹一些與大腦所創造出的微妙人際關係有關之常識。

製造夫妻對立的大腦，也創造了其他許多人際關係上的不和。

當各位已瞭解「老公的使用說明書」的內容，但還是覺得好煩時，請試著看看這些常識，來轉換一下心情吧（微笑）！

是否得了卡珊德拉症候群？

妳知道卡珊德拉嗎？

這是出現在希臘神話中，一位特洛伊公主的名字。爲太陽神阿波羅所愛的卡珊德拉，獲得了阿波羅賜予的預知能力，但由於她拒絕阿波羅的愛，所以又被詛咒「其預言不會被任何人相信」。

雖擁有眞正的預知能力，卻被徹底封鎖而無法輸出，那壓力之大可想而知！

卡珊德拉的感受，我稍微能夠體會。在我發現語感的眞面目，其實就是發音體驗時，我的言論雖爲「博士」，由於非「來自東大或更有名的海外超一流學府」爲由，受到了輿論抨擊，甚至到被封殺的狀態。直到後來我把這項發現撰寫成書，在一個機緣之下，被某位英國語言學家讀了之後，公開表示：「發現這件事的，不是名不見經傳東方女子，而是蘇格拉底。」我的發現才終於獲得了認可。

我知道眞理，可是這眞理卻無法透過我的言論傳達給需要的人們。我常常對「眞理」感到抱歉，覺得「眞對不起，發現你的竟然是我」，但若以「蘇格拉底之言」爲名便能將眞理傳達出去，那也是好事。光是以

「蘇格拉底曾說過……在柏拉圖的《克拉底魯篇》一書中提到……」的方式提出，原本緊閉的門戶便瞬間開啓。

由於對方相信得實在是太過乾脆了，所以我還補上一句：「要不要我把文獻的影本寄給您呢？若有需要的話，我可以提供原文。」沒想到對方甚至爽快地回應：「喔，沒關係，不需要！」

人們到底相信什麼呢？比起自己的言論被封殺，看見那些「所謂的一流人士」輕易相信蘇格拉底之言的樣子，更是令我大受打擊，我再也無法相信人類。

儘管如此，我依舊慶幸有蘇格拉底爲我發聲。要不是蘇格拉底，我到現在都可能還是個「卡珊德拉」。

言歸正傳，取用了該悲劇公主之名的所謂「卡珊德拉症候群」，是一種心理狀態。這是發生在有個亞斯伯格症老公的妻子身上的壓力症狀總稱，於經歷慢性的強烈疲勞感及失眠等狀況後，不久還會出現偏頭痛與淚流不止等嚴重的壓力反應。

亞斯伯格症的人，其同理能力顯著低落。在這些人身旁的人們無法獲得同理。而無法獲得同理、自己的竭盡心力無法被注意到的生活，對女性腦來說極爲痛苦。

但並無暴力行爲、沒有劈腿外遇，也沒有沉溺於賭博的亞斯伯格症老公，從世俗的眼光看來，根本看不出有什麼大問題。很多甚至連本人及周遭都沒意識到自己有亞斯伯格症。

如此一來，老婆的控訴便會被鄙視爲「單純的公主病」或「好命人的無病呻吟」，於是導致自我肯定感的喪失、變得無法控制自律神經，甚至被診斷爲老婆本身的身體症狀（更年期障礙或憂鬱症等），而被要求服用精神藥物的也不在少數。

近年來，雖還不到亞斯伯格症程度，但同理能力顯著低落的人越來越多。

一般在聽別人講話時，通常都會配合著說話的人點點頭或是應聲附和、答個腔，根本不需特意，完全是自然而然。但有些人就是沒辦法好好地點頭，無法「原來如此」、「嗯，嗯。」、「對啊，沒錯。」地答腔附和。由於無法配合周遭，所以拍團體照時也多半都笑不出來。

雖然該本人並無惡意，但看在周圍的人眼裡，他就是個「總是心情不好、沒在聽別人講話、對周圍毫無興趣的人」。在家中固然無處可逃，但在職場上，大家都會對這樣的人敬而遠之。於是該本人便會很受傷地覺得「這部門很不友善，主管不懂我，也不肯認真指導我。」

一旦手下有這種員工存在，主管就有可能出現卡珊德拉症候群的症狀。因爲就算親切地指導他，他也是毫無反應，問他：「你有在聽嗎？」他就惱羞成怒地回應：「我人在這兒，當然有在聽啊！」顧人怨又自找麻煩。

職場上，若是有優秀的領導者精神崩潰，很有可能就是因爲身邊有個「冥頑不靈的下屬」。更何況同理能力低落的年輕人，今後肯定還會再繼續增加（原因將於下一主題詳述）。

故在指稱對方有病之前，最好先懷疑自己是否得了卡珊德拉症候群。

如何與有同理心障礙的人相處？

在亞斯伯格症患者身旁的人，往往會出現一些特定症狀，而卡珊德拉症候群這個名稱，就是用來指稱這類症狀。這些症狀包括了低落的自我肯定感、失眠、偏頭痛及恐慌症等。

亞斯伯格症雖被視爲是一種發展障礙，但並不是會對日常生活造成困擾的一種智能障礙，就只是同理能力特別差而已。

一般人在聽別人講話時，通常都會無意識地配合對方的節奏，偶爾點點頭，或是做一些表示共鳴的動作（一起歪歪頭、動動手等），這樣的共鳴感能讓說話對象感到安心。但亞斯伯格症患者就是很難做到這些。

就因爲無法與他人產生共鳴，所以無法察覺別人的想法及動線。一切潛規則都不成立，團體行動無法順利，覺得他對人際關係應該很是厭惡而避之唯恐不及，但卻又意外地相當厚臉皮。

看在周遭眼裡是個「粗魯自私的人」，但該本人卻毫無自覺。甚至由於搞不清楚周遭人們的想法及周圍狀況，所以相當緊張。其表現就是對於規則的堅持，因爲既然跟不上周圍的變化，就只好倚賴規範。

因此，一旦決定了就無法輕易改變，對於擅自破壞規則的人更是無法原諒。有時甚至可能對「今天雨下得太大，垃圾就別倒了」等以一般日常生活而言理所當然的例外處理大發脾氣。

此外，對於改變主意、收回成命之類的事往往也很難接受。例如：原本說：「想吃義大利菜。」結果出了門在車上卻又隨口說出：「其實吃中菜好像也不賴。」的話，他就可能突然很不高興地指責說：「你明明先前是說要吃義大利菜！」囉囉嗦嗦地罵個不停。

這些都是「他腦中的世界觀崩壞」，所引發的輕度恐慌現象。若深入考慮其腦內狀況，其實相當可憐。但對老婆或下屬而言，這實在是難以忍受。畢竟這人總是不表示感謝、不懂得體諒。不過是生活上些微的例外處理，便大發雷霆。一旦抓住別人言語上的一個小辮子，就「你明明先前那樣說」地死命譴責到底。

不被周遭想法左右的大腦特質，由於能夠維持好奇心、發揮非比尋常的專注力，故也經常出現在理工領域的天才或頂尖運動員，以及被稱作師傅等具備卓越技藝的人身上。在我看來，優秀的理工男，大約七成看起來都是輕度的「亞斯伯格症患者」。

而事實上，若沒有這種類型的大腦，科學技術根本無法有任何進展。

即使沒有到亞斯伯格症的程度，有類似的同理心障礙及堅持規則傾向的男性，實際上相當多。希望周圍的人能夠理解他們，愛他們。他們不是缺乏同情心，也不是沒有愛，他們只是有同理心障礙罷了。要是被老婆拋棄，肯定就會這樣靜靜地衰弱下去。出乎意料地，他們其實是很依賴老婆的細膩老公呢。

卡珊德拉症候群的最佳治療法，就是瞭解這個事實。不是妳不好而激怒了老公，也不是他不愛妳、缺乏同情心。要知道這些都只是大腦神經訊號的傾向而已。

此外，近年來雖不到亞斯伯格症程度，但同理能力低落的年輕人（同理心障礙），確實不斷在增加。

其原因，和母子間共鳴動作的減少有關。

這20年來，我發現到一件事。那就是有越來越多的母親，都不回應嬰兒的咿呀聲。

所謂的咿呀聲，就是「噗」或「叭」之類在成爲單字前的發音。而其實回應寶寶的這些發音，正是爲孩子奠定溝通能力的基礎。

而且媽媽們還會自然地配合其音高，像是寶寶發出高音的「叭」時，就以高音回應「是叭啊——」寶寶若發出低音的「噗」，就以低音回應「是噗啊——」

嬰兒咿呀聲的反覆與音高配合，並非人類的專利，座頭鯨也會。對於以聲音爲溝通手段的動物來說，這想必是大腦發育必不可缺少的輸入與輸出。

還有在哺乳時，藉由母親的表情展現及輕柔的話語訴說，也能讓孩子學習共鳴動作。

於人類漫長歷史中，自然延續至今的母親們的動作，卻在這20年間大幅減少。在公共交通工具上開始看到不少對寶寶的咿呀聲沉默以對的媽媽，而仔細一看才發現，那媽媽正專注地滑著手機，恐怕在哺乳的時候也是同樣狀況。

雖然我有對年輕的媽媽們發出警告，但這種對行動裝置的依賴是阻止不了的。因此，有同理心障礙的人，很可能只會繼續增加，學校及企業等必須做好因應對策才行。

老師們若是遇到有同理心障礙的學生，對於他們的毫無反應，可能會感到十分挫折，最終甚至出現卡珊德拉症候群的症狀。身爲主管的人若是遇到有同理心障礙的下屬也是一樣，越是認眞負責的人就會被整得越慘。整體社會要是對此現象渾然不覺，後果將不堪設想。

男人們容易落入的陷阱

男性腦有種癖好，就是會下意識地觀察空間裡的各個點，以掌握「空間」。

這種在無意識之中掌握自己所在的空間大小及配置，於其中各種物體間的相對位置關係，已深深烙印在長時間以來，持續狩獵並進化至今的男性腦之中。

因爲男性腦必須瞬間判斷飛向自己的到底是獵物還是敵人，並正確預測其飛行軌跡與時間。此外，他們還能運用這樣的空間掌握能力，在還沒有地圖也沒有GPS的時代，於毫無標記的荒野中，翻山越嶺地回到家人們的所在處。

不論在一望無際的廣闊開放空間，還是在如餐廳等封閉空間，男性腦的主人們會做的事都一樣。他們會把眼前的空間徹底瞄過一遍，並掌握整體。尤其對於遠處的移動物體，更是會予以密切觀察。

這是優秀男性腦的證據。爲了能夠察覺危險，並把獵物帶回家，以戰略能力見長的大腦，就是會有這樣的自然行爲。

然而，在某個程度下，這有時卻會引發事端。

前陣子，我在一場做爲公共行政之婚姻促進業務的一環，而舉辦的研討會上做了演講。那是以婚姻促進業務中擔任「媒人」角色的義工爲對象，爲了指導年輕男女而舉辦的「男人心與女人心到底是在哪裡擦身而過？」之講座。

當時，我提出了這樣的建議：「在餐廳裡，若是坐在靠牆的兩人桌，就一定要讓女生坐在靠牆的位置才行。男生一旦坐在靠牆的位置，兩人就會無法順利交往下去。」

我的理由是，坐在背面靠牆的位置時，就能看遍整個店內空間，如此一來，男性的視線便會在店內四處遊走，逐一緊盯開門入店的女性，或是在桌間移動的女服務生等。

這是「長時間以來持續狩獵並進化至今的男性腦」的自然行爲。但對處於浪漫模式的女性腦來說，看起來就是個「不肯把注意力放在我身上的、心不在焉的男人」。

畢竟女性腦很擅長持續專注於眼前「不動的東西，以及相對動作較緩慢的物體」。而唯有保護住處及觀察不會說話的嬰兒等，才能夠形成這樣的習性。

在過去靠人工組裝精密機械的時代，支撐著其生產線的正是女性。因爲就持續專注於手邊的固定作業而言，女性腦確實是比較厲害的。

當然，這並不表示男性腦無法進行精細作業，妳可以想像得到那些製作傳統工藝品的男師傅們。只是以長時間單純專注地進行固定的精細作業來說，還是比不上女性腦就是了。

女性會運用這種能力，來觀察約會時的男性對象。專心凝視，就連每一次的呼吸都不放過。

若這男人在女性對象面前偷瞄其他女性，或是講話心不在焉，那豈不是太沒禮貌？

因此，男性必須避免自己陷入這樣的狀況。只要沒有被刺客襲擊的危險，在餐廳裡就該讓女性坐在靠牆的位置，自己則面對牆壁。同時這也是一種紳士的體貼行為，亦即保護女性免於因坐在人及菜餚等通過的走道旁，而有衣服被弄髒或被燙傷的風險。

我一說完上述論點，整個演講會場便發出一陣「啊——」的嘆息聲。後來我才聽說，在配對約會時，最多人被女性拒絕的理由，正是「那個人沒把注意力放在我身上，一直在瞄其他人，他根本就不喜歡我吧？」所以這些媒人義工們，平日總是耳提面命地叮嚀男性們，「請把注意力放在眼前的女性身上」。

話是這麼說沒錯，但基於潛意識而瞬間採取的行動，並不是意識所能夠阻止的。相親時，必須替男性營造出不至於移開視線的環境才行。

男性和女性在無意識中瞬間採取的行動恰恰相反，所以會將對方的「忠實」（藉由偷瞄空間的方式，來保護眼前重要對象的生命）認知為「不忠」（把視線移到其他女性身上）。

當然，這種陷阱不僅限於相親，也可能發生在聽女主管說明的男性下屬，或是對女性顧客進行企劃提案的男性業務員身上。例如：明明很認眞在聽，眼前的女性卻抓狂地怒問：「你到底有沒有在聽啊？」

因此，身爲男人，對於自己的立場（坐的位置），還是要多用點心比較好。

不懂「標準規則」

最近，有2件事讓我受到了很大的衝擊：一是原來我其實是左撇子，二是原來我有泛自閉症障礙。活了快60年，我第一次知道這些真相。

一直以來，我都覺得自己很普通，雖然有隱約地感覺到自己有些地方似乎偏離這世界，但從沒想過我的「大腦認知傾向」和「身體控制方式」，根本就和這世上的多數不同。難怪會與世界有些格格不入，莫名地有點笨拙又突兀而礙眼。

學生時代的我不止一次突然被面前的同學怒罵：「妳好過份，我要跟妳絕交！」當我反問：「我到底做錯了什麼？」時，對方卻責怪我說：「這就是妳最令人火大的地方！」對我來說，這簡直就是晴天霹靂，直到現在我都還搞不清楚對方到底是在生什麼氣。

回想起來，我一直到高中爲止，都還沒能充分理解女孩兒們的對話結構。當對方跟妳說：「我眞的是很沒用。」的時候，就一定要回答：「才沒這回事兒呢！」千萬不能眞的提出建議說：「只要這樣做就好啦！」。

其他女生不用人教便能自然學會的女性對話之標準應答模式，我一直都沒能弄懂，而且很難建立固定的認知架構（看事物的方式、感受事物的方式、言行舉止的規範等）。這正是泛自閉症障礙者的特徵。

正因爲有這樣的親身體驗，所以我瞭解男性們的困惑。

明明很認眞聆聽女性的抱怨與煩惱，並在短時間內給出了有效的建議，但對方卻反而突然生氣地說：「妳好過份喔！」讓人完全搞不懂自己到底做錯了什麼？由於被急轉直下的情境嚇了一大跳，就連自己剛剛說了什麼都想不起來。即使開口問對方原因，對方也只是哭著說：「妳連我生什麼氣都不知道？這就是最令人火大的地方！」

彷彿被狐狸捏了一把似的莫名其妙，又像是被施了什麼可怕的咒語，或是像飛機遇到了亂流的那個瞬間……總之，就是恐怖至極。這樣的感覺我曾親身體會，所以我懂。

兩個認知傾向不同的大腦要一起生活，說實在眞的是相當麻煩。在一方的想像中，「應是理所當然的回應」；在另一方的腦袋裡卻根本不具備，甚至還會自以爲親切地說出，對方覺得「離譜的回應」。

對喜歡「迅速解決問題並得出結論」的大腦來說，即使打斷對方的發言，也是在試圖「迅速解決問題」，因爲迅速就是最大的誠意。

可是對重視「細膩的洞察力與同理心」的大腦來說，這實在是太過殘忍，因爲這就像是被批評說：「發生在妳身上的事，還有妳的想法等，都無足輕重，不值得一提。」所以會覺得受傷，覺得生氣，甚至流下淚來。

我之所以會注意到男女大腦的認知架構（看待、感受世間事物的模式範本），有令人絕望的極大差異，並決心釐清這樣的差異，大概就是因爲我自己有泛自閉症障礙的關係。正因爲搞不懂這世上的規範，所以才能夠覺得雙方的說法都確實有理。

我也一直都不知道自己的位置何在。運動會的賽跑，是一種「拼命狂奔以爭奪排名的比賽」這點，我是很晚才認知到的。因爲我並不會自然地「想要贏」，所以就一直無法理解那到底有什麼意義。只是基於動物本能，覺得遠離群體似乎很危險，所以就努力融入。爲了成爲第一而奔跑這種事，大家到底是從哪兒學來的呢？是爸媽有囑咐過嗎？

左撇子的泛自閉症障礙腦，可說是少數中的少數，不可能成爲多數的勝利組（畢竟我根本連這世界到底在爭奪些什麼都搞不懂）。一旦理解這點，便能夠所覺悟。

但認眞想想，每個人其實都是少數。在商業社會中，女性腦是少數；在家庭中，男性腦是少數。

問題不在於實際的數量多寡，而是在於組織的狀態與各個大腦的認知架構狀態是否一致。

在任何組織中，少數都是弱勢。在公司裡是女性覺得不自在，在家庭裡則是男性比較不自在。在公司裡爲女性創造空間，在家庭裡則爲男性創造空間。這就是我的畢生職志。

主管是白癡嗎？

「你有想要做好這份工作嗎？」

「你有在聽我講話嗎？」

「你把剛剛說的這些整理成文字，用電子郵件寄給我好嗎？」

這是最近很流行的所謂白癡主管的台詞。而這些台詞的目標對象似乎是覺得「廢話，不就是因爲想做好這份工作，才會在這裡啊？」

對此，我眞的是很驚訝。老實說，要是有主管對某個下屬說了這種話，那麼這位下屬的工作表現肯定是糟糕透頂。

會被主管問：「你有想要做好這份工作嗎？」就表示從主管的角度看來，這個人似乎沒有要好好工作。對人總是愛理不理、問他東他回答西、態度很差、眼神呆滯、嘴角下垂一臉不爽的樣子、不做筆記……對於這樣的下屬，主管肯定是會說出這些台詞的。

我過去擔任研發團隊的主管時，有個女性下屬開會時永遠不記筆記。開口提醒她開會記得做筆記，她卻回答：「我都記得，不需要筆記。」一小時左右的對話內容，年輕女性的大腦應該幾乎都能全部記住，所以我能理解她的說法。但我還是再次要求她記筆記，我說：「記筆記其實不是爲了自己，是爲了讓對方安心。表示『你的話我有認眞聽，有聽懂，而且不會忘記』的意思。」

在工作上，比起是否眞的有心要做好工作，能否表現出眞的有心要做好工作的樣子，其實更爲重要。身爲專業人士，最丟臉的莫過於「明明有心要做，但別人卻看不出來」。若主管對自己說出這種台詞，就必須追問：「我有哪個部分讓您這樣覺得？請務必告訴我。」

據說還有個女生，花了20分鐘以電話做完狀況報告後，聽到電話那頭說出：「妳把剛剛說的這些，用電子郵件寄給我好嗎？」等她掛上電話後，大喊：「我剛講了那麼多竟然都沒聽懂，也未免太笨了吧！把我的20分鐘還來！」

想這樣大喊的應該是他的主管才對。主管明明是在指導她「請將剛剛那段冗長的說明彙整成文字」，但卻被斷定爲「是個聽不懂我話的白癡主管」，這到底是哪兒來的自信？

告訴我這些事情的人，這麼對我說：「現在流行的觀念是，主管是下屬的僕人（佣人）。據說如何能讓下屬心情愉快並做出成果，就是上司的能耐。」

這讓我開始煩惱起來。因爲我突然覺得迷惘，不知對於現今的商業社會，自己到底能做些什麼？

在我的研究中，發現了所謂的感性趨勢。依據大腦的週期性，全體大眾的感性，會在28年後變得完全相反，並於56年後恢復至原本的位置。

「你能持續奮戰24小時嗎？」這句廣告詞，讓大眾留下深刻印象的Regain能量飲料廣告，是出現在一九八八年。那時整體社會都一心積極向上，長時間忍耐也不以爲苦。即使熬夜加班，也能伴隨著有如「校慶前一晚」一般的亢奮情緒順利搞定。許多年輕時曾經歷過當時氣氛的人，都證實確實如此。那是個「就算一直被罵，依舊持續挑戰的我眞的好酷」的時代，所以被主管罵了也不會退縮。那也是個一般女性上班族會上進再上進地宣告「我要去留學拿個MBA」的時代。

接著28年後，到了二〇一六年，人們將「長時間忍耐、被罵」視爲最大的痛苦。電通的年輕女員工因苦於長時間工作而自殺的事件成爲社會話題，日本Yahoo！則是宣布週休3日。而由此起算的56年前，也就是一九六〇年，松下幸之助因宣告將在數年內實現「週休2日制」而引發社會討論；緊接著2～3年後，由植木等所扮演的「輕鬆上班族」便開始大受歡迎。二〇二〇年的今天也處於和那個時代一樣的氛圍。對於一九八八年時曾是激進上班族的這些主管階層來說，現在年輕人的想法著實令人完全無法理解。

在體育界，那些於一九八〇年代開始掌權的團塊世代教練們，一個接著一個地因職權騷擾（Power harassment）問題而中箭落馬。人若是從自己得勢開始起算已經過28年，或許就該放下手中權力，別再直接掌權會比較好。

再怎麼感嘆「現在的年輕人喔……」也無濟於事，反正過了28年，又會再回到激進的上班族時代。不過，我覺得正因爲現在是個溫情滿人間的年代，所以懂得表現「幹勁」的人，似乎就能夠輕易地出人頭地。

若是自己重視的下屬，就該「慈祥溫和」地為他說明「展現幹勁的重要性」。雖說意思和「你有想要做好這份工作嗎？」是一樣的，但今日這麼說可是會被誤認為是笨蛋呢。

老婆使用說明書

某次參加一個新聞節目的錄影時，有位一起參與演出的男性名嘴針對我的論點反駁說：「我能瞭解女性需要同理，但為什麼是男生要配合女生？由女生來配合男生不也很好嗎？」

當時我回答：「我從沒說過：『請對女性表達同理。』我只說：『女性腦若沒獲得同理就無法妥善運作。』至於要不要表達同理，請各位自行決定。」

手排車若是不踩離合器，動力就無法正確傳遞至驅動機組。如果沒踩離合器，就算踩下油門，車也不會動。又或者若沒踩離合器，直接踩煞車，則會熄火。

對女性腦來說，「同理」就像是手排車的離合器。如果不先在情緒上對她們表達同理，任何意見都無法傳達至「驅動機組」。

在說出「是妳不好」之前，試著先在情緒上表達同理。例如：「被這樣講一定會覺得很受傷，妳今天眞是很不順吔！」經歷了悲慘的一天後，女人要的不是道理（解決問題），而是同理與安慰。因爲只要有這兩個要素，就會覺得今天一整天沒有白費。

道歉時，也要針對情緒道歉。即使被老婆罵：「我不是叫你早點回來嗎？」在惡狠狠地回嘴：「就臨時必須加班，我也不想搞這麼晚啊！」

之前，可以先道歉說：「放妳一個人在家擔心，眞是抱歉。」因爲女人想要的道歉，不是針對晚歸這個事實；女人想要的道歉，是針對自己一直等待卻又聯絡不上的那種擔心得不得了的心情。

女人是可以接受「臨時加班」的，不會因此生氣。她們是對不願溫柔地說聲：「讓妳擔心了。」的無情態度感到難過。明明只是這樣，對方卻還兇狠地回應：「就臨時必須加班，我也不想搞這麼晚啊！」講得一副好像我是個「不懂工作爲何物的欠缺社會化的女人」這也未免太過份了！

「道理」其實會對女性造成二度傷害。

女性腦是靠「同理」運作。女人用「同理」來換檔、忘記不開心的事、讓好事的效果加倍。我想說的，就只有這些而已。

若妳開著手排車，但堅持「我可是絕對不踩離合器」的話，我不會有任何意見。雖然這樣車會無法照著妳所想的運作，但就當成是人生中免不了的悲哀。

前述的男性名嘴，後來又進一步表示：「但我覺得我太太不會這樣，她是很優秀的女人。」（就電視節目而言這樣的對話發展相當有趣）。不過後來，我收到他寄來的電子郵件，裡頭說：「回到家，我老婆看了那集節目後跟我說：『黑川小姐說得很對。』所以我今後都會遵循您的教誨。」還滿可愛的。

對於男性腦，我也是非常同情的。對於發生在半徑3公尺以內的事情，男性腦真的完全感覺不到。看不到眼前的東西，老婆的很多行爲舉止也都看不見，因此，不會意識到老婆心裡想的是「老公當然知道，而且應該會出手幫忙」。

在替寶寶換尿布時，因爲寶寶翻了個身而導致做媽的拿不到擦屁股用的濕紙巾。明明老婆這時很煩惱，但身旁的老公卻是漠不關心，這會讓老婆就會陷入深深的絕望之中。

其實老公並不是「明明知道老婆的狀況，但卻刻意忽視」，他只是沒能掌握老婆的狀況而已，並無絲毫怠慢或惡意。

持續狩獵了很長一段時間的男性腦，已進化成了「概略地觀察」半徑3公尺以外廣闊世界的狀態，這是爲了能夠瞬間瞄準從遠處飛來的物體。而半徑3公尺以內的世界，就交給女人負責。幾萬年來一直都這樣運作得挺好的，明明就還蠻好的……

可是現在即使是半徑3公尺以內的世界，也被期望要做到令太太滿意。而且現在這時代，狩獵結束後（退休後）待在家裡還得再活40年左右。21世紀的男人還眞是命苦啊！

人生最精彩的重頭戲

我家老公退休至今已滿3個月。老公在家竟然是這麼地安心又方便，還眞是出乎我意料。畢竟我實在聽過太多前輩老婆們排山倒海般的埋怨，她們都說：「退休後待在家裡的老公。」很礙事、討人厭、讓人壓力大到受不了。

認眞想想，咱們夫妻倆在家裡各自保有良好的隱私，「老公退休」這件事基本上沒帶來什麼改變。他不會侵犯到我的隱私，就只是他做的家務自然而然地變多了而已。

其實完全沒有什麼所謂「家務分擔」那種高層次互動。不過，當我慌慌張張地說：「得要先吃個午飯，快來不及了！唉呀，還要沖個澡才行，眞糟糕！」老公便會開口說：「我用微波爐幫妳熱個鮮蝦香料飯吧！」如此而已。甚至還有好幾次我急忙說：「我非出門不可，可是洗好的衣服還沒晾完。」他也都對我說：「別擔心，衣服我全都會晾好。」另外，「咖啡我幫你煮好了。」也已是他的日常習慣。

嗯？這麼簡單的事，爲什麼大家都做不到呢？

某天早上，有家媒體問了我一個問題：「對男人來說，退休算是告一段落，但一般認爲家庭主婦的家務，是持續一輩子的。那麼對於身爲家庭主婦的老婆，老公們能夠爲她做些什麼呢？」

這話乍聽之下像是男人的溫柔體貼，但我覺得這問題本身就很令人絕望。

對職業婦女以及有個職業婦女老婆的老公來說，外頭的工作和家中事務並無不同。因爲雙薪家庭就是在諸如「這件事做完後，我今天就可以去接小孩了！」、「太好了，那就拜託你了！」之類的互動中，勉強完成家事及育兒，工作和家務，就宛如馬賽克拼貼般緊密地彼此鑲嵌在一起。因此，職業婦女的老公一旦先退休，家中的任務分配自然就會改變。就只是這樣而已。

如此想來，許多「退休後的問題」，應該夫妻間將發生在把家務和外頭的工作分別看待的。

「在外工作」和「家務」，都是爲了讓生活過得更好的任務。但「外頭的工作」可以擺脫得掉；「家務」卻是只要活著就永遠擺脫不掉，就跟人只要活著就要刷牙、擦屁股是一樣的。

所謂的「專職家庭主婦」，是老婆爲了想在外頭全力拼事業的老公，基於「我想支持他，反正自己對外頭的工作也沒有那麼大的熱情，我又喜歡小孩，更何況老公又不擅長做家事」等原因，而捨棄外面的工作，一手攬下大半家務的「一時狀態」。

她們並沒有承諾要一輩子負責家裡所有的工作。老婆們理所當然地覺得，老公一旦退休待在家裡，老婆的家務負擔就會減少才對。有些老公退休了卻還一心認定「家事是老婆的工作」，這眞的很危險；甚至覺得自己做家事是在「幫忙」的，也一樣糟糕。

對於老公總是開口問：「中午吃什麼？」的那種「家事不干我的事」的態度，老婆只會持續絕望下去（如果自認是家事團隊的成員之一，就自然會以團隊爲主地問說：「我們午飯要吃啥好？」）。

而當這樣的絕望感一直累積，「這個人到底爲什麼在這裡？」、「眞不知道兩人在一起有什麼意義！」的感覺終有一天會撲向女性。

家事是人類生活不可避免的活動，也是人活著的樂趣之一。我認爲以自己爲主體來參與家務、能夠獨立生活的人，人生才會有尊嚴。

我婆婆過世前幾天，因無法自行如廁而傷心不已。想必對她來說，要請別人來替自己擦屁股這種事，讓她感覺自己身爲人的尊嚴喪失殆盡。

而家事和這樣的尊嚴密切相關。看在擅長家事的老婆眼裡，明明很有空，卻總是開口問：「我的晚飯呢？」、「襪子呢？」等的老公，就跟可以自己擦屁股，但卻要求別人「幫我擦屁股」是一樣的。這麼沒尊嚴的老公，再也愛不下去也只是剛好而已，甚至會覺得「噁心」也一點兒不奇怪。

就像刷牙一樣，盤子也要洗；就像擦屁股一樣，地板也要拖一拖。而這都是生活的必要活動。別再說什麼「讓我們來替老婆分擔一下家庭主婦該做的工作」，這可不是別人的事。

退休是告一段落？男人們，別再說蠢話了，人生最精彩的重頭戲才正要上演呢！

結語

夫妻的相處時光

我有幸在NHK的節目裡，和桂文珍先生展開一段對談。那次的布景是設計成昭和時代的起居室，於是我靈機一動決定穿和服上場。當時正值盛夏，我選了淺紫色的紗質和服搭配米白色的痲質腰帶來製造些許涼爽感。

開口呼喚退休在家的老公，他以「來了、來了」地回應後，便著手幫我穿和服。我披上和服，不需開口，他就立刻對齊背部中央，用別針把和服固定好。待我確定長度之後，也不必開口，他就把細腰帶遞給了我。領子調整好了，又自動遞來伊達腰帶。最後還會幫我綁個漂亮的太鼓結。

這時，突然注意到陽台上，他晾好的衣物正舒服地享受著日光浴。那天早上，我把衣物放進洗衣機洗後，也沒跟他說，他就默默地把洗好的衣服都晾好了。

從兩人一起踏上教堂紅毯的那天開始，這已是第35個年頭，眞是令人百感交集。

我開心並不是因爲他很有用（老實說，有用也是理由之一，但不是最主要的理由），而是因爲他有察覺到我的動作舉止，並靠近我身旁，而且「不需開口」是最傲人之處。我若是做菜，他就會負責洗碗；我把垃圾收拾好，他就會拿去倒。彷彿跳雙人舞般，我們的日常就像這樣彼此緊緊相隨。

當然，每天也是會發生一次小小衝突，每週大概會吵個一次架。不過，一起住的媳婦總會發揮絕妙的技巧替我們調停，所以我想這次數應該會越來越少。

我家媳婦會基於同爲女性（＋同樣都深愛著我兒子）之立場，予我深切的同理及安慰，同時也會對我老公表示出「爸爸的感受我也懂」的理解態度。在日常生活的感受傾向上，通常是我和兒子一致，而媳婦和老公一致，因此，自從媳婦來到我們家，便強化了老公在家中的地位。畢竟我們家媳婦可是熟讀本人著作多次的男女大腦論專家呢（微笑）。

順道一提，我曾在我寫的《ヒトは7年で脱皮する（暫譯：人的蛻變要花7年時間）》一書中提到，夫妻要達到完美默契得花上35年。結婚到了第35年，才終於迎來安泰之年。我在約莫在10年前，就從大腦的週期性推導出了如此結論，而這天終於來了。以我們夫妻來說，這結論完全正確。

所謂的夫妻關係，眞的是有夠麻煩。

爲了增加子孫基因的多樣性，人類會追求自己所不具有的特質，愛上感受傾向與自己完全相反的對象。怕熱的愛上怕冷的、不好睡的愛上總是能呼呼大睡的、急性子愛上慢郎中、一絲不苟愛上吊兒啷噹、熱情如火愛上冷酷如冰。

本來男性腦與女性腦在瞬間的行動上，天生就被調頻成恰恰相反。發生事情時，希望對方能和緩地詢問自己感受的女性腦，與想要迅速解決問題的男性腦，反應可謂大相逕庭。

雙方絕不會是在一起，便以完美默契相知相惜的對象。

結婚之初，因爲被施了愛的魔法，所以對方怎樣都可愛，正所謂「情人眼裡出西施」，但愛的魔法不久後就會消逝。

進入周產期（懷孕、生產、哺乳）的兩人，基於生殖策略，兩性不同的大腦調頻作用會變得更加強烈，因此，愛的魔法消逝後的落差極大。老婆有一段時間會覺得老公非常惱人，一點小事便能讓她們落入「老公根本不懂我」的絕望深淵。

老公還是老公，就這樣不斷傷害著已經改變了的妻子。

我想告訴這世上所有夫妻，「別落入大腦的陷阱！」

想盡可能留下最多樣基因的大腦，並不是被設計成一直只愛「同一對象」。我們必須違逆本能，拼命滑著這艘夫妻之船以免它下沉。

當然，妳也可以不去違逆本能，過著一輩子談好多段戀愛的人生。身爲一個專注於大腦的人，認知到若要體驗「第35年的安寧」，就非得在某個時間點決定「要和這個人一起走到最後」。

這本書是為了決心「要和此人共度一生」的女性所寫。不論選擇哪種生存方式，女人的路總是險惡。

因為折騰女人的，是女人自己的大腦。

女性腦總是在引誘女人，「去找比眼前這個免疫力更高的對象。」要知道愛情必定會褪色，只看得見對方缺點的那天終會到來。女人必須要有自覺，要有覺悟，否則真正的人生就不會開始。

別再浪費時間悶悶不樂地煩惱著「我的真命天子或許不是他」。要不分手，要不想點辦法改善，妳只能二選一。若是分不開，那就試著想辦法改善。

本書包含了一些「試著想辦法改善」的點子，若能對各位有所幫助，我真的非常開心。

船隻一旦航向大海就需要羅盤，而人一旦結了婚，女性就需要《老公使用說明書》，男性則需要《老婆使用說明書》。

依我看來，在不知男女大腦結構的狀態下貿然結婚，就像沒羅盤的外行人，在深夜裡開船出海。就跟當年的我一樣（因爲當時我還沒開始這方面的研究），簡直是不要命了。

熟讀且掌握本書內容的諸位老婆們，都是一等大副＊。話雖如此，但暴風雨依舊會來。在名爲結婚的這段航海旅程，有時還是得要賭上性命。然而，只要是「在大副意料之中的小風雨」，都不至於沈船。

本書是在許多人的協助下誕生，在此衷心感謝耐心等我交稿的講談社田中浩史先生、童夢的望月久美子小姐，還有爲我代筆的坂口小姐。

此外，更要感謝熱情地邀約我務必撰寫一本《老公使用說明書》的「老婆說明書」粉絲們，若沒有他們的熱情相挺，本書就不會誕生。我當初完全沒打算要寫《老公使用說明書》，那時只想著若全世界的老公都能讀完《老婆使用說明書》就好了。

人生百年時代，也是婚姻70年時代，這就相當於兩組「35年的安寧婚姻」。搞不好日後大腦的週期理論，也可能出現意料之外的巨大波瀾。畢竟大腦是會持續進化的裝置，不容小覷。

期待大家能透過這本書，想辦法改善「目前的婚姻」，共勉之！

撰寫於颱風剛過的早晨

黑川伊保子

※第4章是摘自一般財團法人廣銀經濟研究所機構雜誌《Current Hiroshima》（連載名稱爲「言語感受」）二〇一九年十二月號～二〇一九年七月號的刊登內容

＊注解：大副（Chief Officer，C/O）為船副的一種，係屬於一船舶艙面（甲板）部門之高等海員。

老公使用說明書

作　　者 | 黑川伊保子 Ihoko Kurokawa
譯　　者 | 陳亦苓 Bready Chen
發 行 人 | 林隆奮 Frank Lin
社　　長 | 蘇國林 Green Su

出版團隊
總 編 輯 | 葉怡慧 Carol Yeh
日文主編 | 許世璇 Kylie Hsu
企劃編輯 | 許世璇 Kylie Hsu
行銷企劃 | 朱韻淑 Vina Ju
插畫設計 | 孫依潔 Yi Chieh Sun
裝幀設計 | 捌子
內文排版 | 譚思敏 Emma Tan

行銷統籌
業務處長 | 吳宗庭 Tim Wu
業務主任 | 蘇倍生 Benson Su
業務專員 | 鍾依娟 Irina Chung
業務秘書 | 陳曉琪 Angel Chen、莊皓雯 Gia Chuang

發行公司 | 悅知文化　精誠資訊股份有限公司
105台北市松山區復興北路99號12樓
訂購專線 | (02) 2719-8811
訂購傳真 | (02) 2719-7980
專屬網址 | http://www.delightpress.com.tw
悅知客服 | cs@delightpress.com.tw

國家圖書館出版品預行編目資料

老公使用說明書／黑川伊保子著；陳亦苓譯. -- 初版. -- 臺北市：精誠資訊, 2020.10
面；　公分
ISBN 978-986-510-108-4(平裝)

494.35　　109001739

建議分類 | 心理勵志

■原書Staff
採訪・撰稿：坂口ちづ
企 劃 編 集：株式会社 童夢

ISBN：978-986-510-108-4
建議售價 | 新台幣330元
初版一刷 | 2020年10月
十一刷 | 2023年10月

著作權聲明

本書之封面、內文、編排等著作權或其他智慧財產權均歸精誠資訊股份有限公司所有或授權精誠資訊股份有限公司為合法之權利使用人，未經書面授權同意，不得以任何形式轉載、複製、引用於任何平面或電子網路。

商標聲明

書中所引用之商標及產品名稱分屬於其原合法註冊公司所有，使用者未取得書面許可，不得以任何形式予以變更、重製、出版、轉載、散佈或傳播，違者依法追究責任。

版權所有　翻印必究

《OTTO NO TORISETSU》© IHOKO KUROKAWA 2019
All rights reserved.
Original Japanese edition published by KODANSHA LTD.
Traditional Chinese publishing rights arranged with KODANSHA LTD.
through Future View Technology Ltd.
本書由日本講談社正式授權，版權所有，未經日本講談社書面同意，不得以任何方式作全面或局部翻印、仿製或轉載。

本書若有缺頁、破損或裝訂錯誤，請寄回更換
Printed in Taiwan